Gerhard Alexander Leist

Die Sicherung von Forderungen durch Übereignung von Mobilien

Gerhard Alexander Leist

Die Sicherung von Forderungen durch Übereignung von Mobilien

ISBN/EAN: 9783743647909

Hergestellt in Europa, USA, Kanada, Australien, Japan

Cover: Foto ©Suzi / pixelio.de

Weitere Bücher finden Sie auf **www.hansebooks.com**

Die

Sicherung von Forderungen

durch

Uebereignung von Mobilien.

Von

Dr. Gerhard Alexander Leist,

Privatdocent an der Universität Halle-Wittenberg.

— ... ·>✳<· —

Jena,

Verlag von Gustav Fischer.

1889.

Inhalt.

Abgekürzt sind citirt:

S.A. — Seuffert's Archiv für Entscheidungen der obersten Gerichte.

E.R.G. — Entscheidungen des Reichsgerichts in Civilsachen.

E.B.G.B. — Entwurf eines bürgerlichen Gesetzbuches für das Deutsche Reich. Erste Lesung.

M.E. — Motive zu diesem Entwurfe.

Druckfehler-Berichtigung.

S. 4 letzte Zeile: statt Bürger l. Bürgen.

Einleitung.

In den gemeinrechtlichen Gebieten Deutschlands kommen allerorten und nicht selten Rechtsgeschäfte vor, durch welche Schuldner ihren Gläubigern bewegliche Sachen zu Eigenthum übergeben, die Gläubiger aber sich verpflichten, die Sachen bei rechtzeitiger Tilgung der Schuldbeträge zurückzuliefern.

Die Formen dieser Verträge sind mannigfaltig.

Zuweilen erklären die Contrahenten offen, daß das Eigenthum lediglich zur Sicherung einer Forderung übertragen werde, der Schuldner also durch Zahlung der geschuldeten Summe die Sachen einlösen dürfe[1]). Der Gläubiger wird dabei öfter als Käufer der Sache bezeichnet, welche er um den Betrag seiner Forderung erwirbt, und die Befugniß des Schuldners, die Sache wieder einzulösen, wird Wiederkaufsrecht genannt. Ein Urtheil des Reichsgerichts[2]) giebt folgenden Thatbestand:

„In einem zwischen F. (Kläger) und Schl. geschlossenen Vertrage bekannte Schl., von F. ein Darlehen von 30000 M. erhalten zu haben. Dann heißt es weiter: Zur Sicherung dieser Forderung überträgt Schl. dem F. folgende Sachen (es werden eine Reihe Wirthschaftsgegenstände des Schl., eines

---

1) Beispiele in S.A. XIX, No. 122 (= Entscheidungen des O.A.G. zu Rostock V, No. 24), S.A. XLI, No. 85 (= Mecklenb. Zeitschr. f. Rechtspflege u. Rechtswissenschaft, hrsgg. v. Budde, Bland, Birkmeyer, V, No. 1).

2) S.A. XXXVI, No. 99.

Oekonomen, genannt) zu Eigenthum. (Gegen einen Miethzins von 1500 M. (= 5°/₀ von 30 000 M.) werden diese Sachen dem Schl. belassen. Für den „Verkäufer" (Schl.) wird ein Wiedereinlösungsrecht gegen Zahlung der 30 000 M. statuirt."

In den meisten Fällen aber, in welchen ein schriftlicher Vertrag aufgesetzt wird, ist davon, daß das Geschäft mit Rücksicht auf ein zwischen den Parteien bestehendes oder gleichzeitig entstehendes Schuldverhältniß abgeschlossen wird, gar nicht oder nur beiläufig die Rede. Wiederum liefert uns ein Reichsgerichtsurtheil ein Muster dieser Art von Verträgen [3]):

„Der Vertrag führt die Ueberschrift „Kaufvertrag". Im Contexte erklären zunächst die Contrahenten, daß die beklagten Eheleute dem Kläger die verzeichneten Mobilien verkauft und ihm deren Besitz und Eigenthum übergeben haben, daß der Kaufpreis auf 1000 M. vereinbart und baar bezahlt worden sei. Dann räumt Kläger den beklagten Eheleuten die unentgeltliche Benutzung der verkauften Gegenstände ein, und die beklagten Eheleute als Verkäufer erkennen an, daß sie die Mobilien fortan nur leihweise und namens des Klägers als jetzigen Eigenthümers besitzen. . . . . Endlich wird den beklagten Eheleuten das Rückkaufsrecht auf die Dauer von drei Monaten gestattet, und zwar zum gleichen Preise von 1000 M., die beklagten Eheleute sollten aber, wenn sie das Rückkaufsrecht nicht ausübten, auf Verlangen des Klägers demselben die verkauften Mobilien sofort zu dessen Verfügung stellen."

Die Parteien waren im Prozesse darüber einverstanden, „daß der Vertrag bezüglich der Berichtigung des Kaufpreises durch den Kläger insofern eine unrichtige Angabe enthält, als

---

3) E.R.G. II, No. 44, S. 168 ff. = S.A. XXXVI, No. 100. Andere Beispiele: E.R.G. II, S. 170 Anm.; V, No. 49, S. 181 ff., S.A. XXXVI, No. 8 (Reichsgericht); Annalen des O.A.G. zu Dresden II (1. Folge), S. 532 ff.; S.A. XLI, No. 86 (Hamburg); Fenner u. Mecke, Civilr. Entsch. X, No. 32, S. 96 (Obertribunal Berlin); Kübel u. Sarwey, Württemb. Arch. f. Recht u. Rechtsverwaltg. XVI (wo acht Fälle, betr. „Scheinvertrag zur Sicherung einer Forderung unter dem Titel der Veräußerung von Fahrniß", S. 264—288 mitgetheilt werden), S. 280.

der Kaufpreis unbestritten nicht b a a r bezahlt, sondern durch
A u f r e ch n u n g einer dem Kläger gegen die Beklagten zustehenden Forderung berichtigt ist."

Nicht immer entspricht es aber den Absichten des Gläubigers, daß er seiner Forderung verlustig geht, indem er dieselbe als Entgelt für die ihm übereignete Sache anrechnet.
Ein Mittel, troß des Kaufs auf Wiederkauf die Forderung
aufrecht zu erhalten, finden die Gläubiger zuweilen darin, daß
sie die Schuldner zum Rückkauf verpflichten. Ein Fall aus
der Praxis des vormaligen Obertribunals zu Stuttgart⁴) möge
dieses Verhältniß vergegenwärtigen :

„Laut Vertrages vom 15. Februar 1853 verkauften die
Gebr. Enßle an das Handlungshaus M. C. Fischer, welches
mehrere Forderungen an Erstere zu machen hatte, ihre Spinnereieinrichtung um die Summe von 5000 fl., deren Empfang sie
bescheinigten, dagegen aber sich verpflichteten, binnen der Frist
von acht Jahren die Spinnereieinrichtung um denselben Preis
zurückzukaufen und schon während dieser Frist Abschlagszahlungen am Kaufschilling zu leisten. Für die Zwischenzeit wur-
den ihnen die Kaufobjecte pachtweise zur Benußung überlassen
gegen Entrichtung eines jährlichen Pachtgeldes von 250 fl.,
welches sich im Verhältniß der geleisteten Abschlagszahlungen
zum Rückkaufsschilling vermindern sollte. Das Eigenthum aber
sollte erst nach vollständiger Bezahlung des Rückkaufsschillings
wieder auf sie übergehen"⁵).

In manchen Verträgen ist über den Rückkauf nichts auf-
gezeichnet, und erst im Prozeß stellt es sich heraus, daß dem
„Verkäufer" mündlich das Rückkaufsrecht vorbehalten war.
Allerlei Nebenumstände verrathen manchmal schon vorher den
eigenthümlichen Charakter des Rechtsverhältnisses. Als Beispiel

---

4) Kübel u. Sarwey, a. a. O., S. 277 f., vgl. dort S. 270 f.

5) Es ist auch an das Reportgeschäft zu erinnern, durch welches der
Reporteur Papiere kauft und übereignet erhält, der Reportirte aber gleiche
Papiere auf Zeit wiederkauft.

kann folgender Fall dienen, welcher dem vormaligen Oberappellationsgericht zu Rostock vorlag⁶):

„K. war Gläubiger des P. und sollte ihm weitere
Vorschüsse geben. Zum Zweck der Deckung verkaufte und
tradirte P. an K. zwei Viehstapel (b. h. das zum Inventar
zweier Besitzungen gehörige Vieh) um 1400 und bez. 700
Thaler. Durch ein besonderes Nebengeschäft überließ der Käufer
dem Verkäufer gegen eine bestimmte, den Zinsen des gegebenen
pretium gleichkommende Vergütung die Nutzung der Viehstapel,
verpflichtete sich ferner zum sofortigen Weiterverkauf des Viehs,
sobald nach erfolgter (näher bestimmter) Kündigung jenes
Pachtverhältniß geendigt sein werde, und endlich zur Herausgabe des aus diesem Weiterverkauf etwa aufkommenden Mehrerlöses über 1400 bez. 700 Thaler. Auf der anderen Seite
stipulirte sich auch der Käufer die Haftung des Verkäufers für
etwaigen Mindererlös."

Diesen Fällen, in welchen die Lage des Schuldners eine
unsichere ist, da er die mündliche Vereinbarung über seine
Rückkaufsberechtigung beweisen muß, stehen andere gegenüber,
in welchen die Rechte des Schuldners eine wesentliche Steigerung
erfahren. Ein Reichsgerichtsurtheil⁷) entscheidet über folgenden
Vertrag:

„Durch den notariellen Vertrag vom 27. September 1877
verkaufte der Mühlenbesitzer C. zu R. sein Mobiliar für die
Summe von 9000 M. an den Kläger. Im Eingange der
Urkunde wird erwähnt, daß C. einen Credit in laufender Rech-
nung bei dem Vorschußvereine zu M. bis zum Betrage von
9000 M. erwirkt und Kläger sich als Selbstschuldner für die
pünktliche Rückzahlung des Kapitales verbürgt habe. Um nun,
so wird fortgefahren, dem Bürger für alle möglichen Fälle

---

6) S.A. VII, No. 282, vgl. Kübel u. Sarwey, a. a. O., S. 272, S. 274;
Entsch. d. O.A.G. zu Rostock VIII, No. 15; aus Baden Puchelt, Zeitschr.
f. französ. Civilr. II, S. 72 ff.
7) E.R.G. II, No. 45, S. 173 (Auszug in S.A. VI, No. 100); vgl.
Kübel u. Sarwey, a. a. O., S. 284 u. 265, vielleicht auch S. 277 (oben
S. 3).

Sicherheit zu verschaffen, sollten die in dem Vertrage erwähnten Gegenstände demselben käuflich überlassen werden. Der Käufer erkannte sodann den Besitz der Kaufobjecte als ihm überliefert an, verpflichtete sich jedoch, deren Benutzung einstweilen dem Verkäufer zu überlassen. Der § 4 endlich bestimmte, daß, sobald der Verkäufer die bei dem gedachten Vereine contrahirte Schuld von 9000 M. sammt Zinsen abgetragen haben werde, der Vertrag mit allen seinen Folgen aufgehoben sein solle."

Nach diesen Worten geht die Absicht der Vertragsschließenden dahin, daß durch Tilgung der Schuld der Schuldner nicht bloß das Recht gewinnen soll, Rückgabe der übereigneten Sachen vom Gläubiger zu verlangen, sondern ohne Weiteres Eigenthümer wird, als ob die Sachen niemals veräußert wären.

Ueberschauen wir nochmals die im Vorstehenden wiedergegebenen Verträge, so finden wir neben wesentlichen Verschiedenheiten die Uebereinstimmung aller hinsichtlich einer Bestimmung, die freilich dem ersten Blick als eine nebensächliche erscheinen mag. Alle diese Verträge nämlich, und mit ihnen fast alle die in den Anmerkungen angeführten, enthalten die Anordnung, daß der Schuldner einstweilen oder bis zum Ablauf der Einlösungsfrist die veräußerten Sachen in Händen behalten dürfe.

Diese Clausel aber ist es, welcher bei weitem die meisten Eigenthumsübertragungen zur Sicherung von Forderungen ihre Existenz verdanken; sie ist es, welche in neuerer Zeit in der Theorie und Praxis lebhaften Streit über das Wesen unserer Verträge hervorgerufen hat. Die Frage, in welchem Verhältniß diese Rechtsgeschäfte zu den Pfandgeschäften stehen, gewinnt hauptsächlich durch diese Clausel ihre praktische Bedeutung.

In Deutschland ist gegenwärtig, von wenigen eng begrenzten Ausnahmen abgesehen, die römische Hypothek an Mobilien verschwunden. Nachdem bereits die Gesetzgebung der meisten

Einzelstaaten ihr die Wirkungen entzogen hatte[8]), sind die
letzten Spuren der vertragsmäßigen Mobiliarhypothek durch
§ 40 der Konkursordnung, § 14 des Einführungsgesetzes zu
derselben und durch die in einzelnen Staaten ergangenen Aus-
führungsgesetze [9]) innerhalb wie außerhalb des Konkurses ver-
wischt. Ein Pfandrecht an beweglichen Sachen wird nunmehr,
um mit dem Entwurf des bürgerlichen Gesetzbuchs [10]) zu reden,
nur durch einen zwischen dem Eigenthümer des Pfandes und
dem Gläubiger unter Einräumung und Ergreifung der Inhabung des Pfandes geschlossenen Vertrag begründet.

Zu der Abschaffung des römischen Conventionalpfand-
rechts an Mobilien, zu der Annahme des Faustpfandprincips,
welches nach der herrschenden Meinung auch das ältere deutsche
Mobiliarpfandrecht beherrscht hat [11]), hat in erster Linie die
Rücksicht auf die Sicherheit des Credits, das Bedürfniß nach
der Publicität der Pfandrechte gedrängt. Die Mittel, welche
das System der öffentlichen Bücher gewährt, um die das Vermögen belastenden Rechte Dritter zu kennzeichnen, scheinen bei
beweglichen Sachen zu versagen. Da auch die Zeichen, welche
die Pfändung bekunden, für die Verpfändung nicht wohl ver-
wendbar waren, sah man sich genöthigt, die Sachen zugleich
mit der Verpfändung derart dem Machtbereich des Eigenthümers
zu entziehen, daß spätere Gläubiger desselben nicht in ihnen
Vermögensstücke ihres Schuldners erblicken könnten, welche ihnen
Befriedigung zu verschaffen geeignet wären. Der Grundsatz,
daß alle in den Händen des Eigenthümers befindlichen Sachen
keinem Rechte Dritter auf eine vorzugsweise Befriedigung unterliegen, ist ohne Zweifel geeignet, denjenigen, welche dem Eigenthümer Credit gewähren wollen, einen Einblick in die Vermögensverhältnisse desselben zu ermöglichen. Zu diesem Zwecke

---

8) Stobbe, D.Pr.R. II [2], § 155, Anm. 5.
9) M.E. III, S. 800.
10) C.B.G.B. § 1147.
11) Dagegen besonders v. Meibom, d. deutsche Pfandrecht, S. 410 ff.,
vgl. Stobbe, Krit. Vierteljahresschrift IX, S. 316 ff., E.R.G. I, S. 354.

genügte freilich das Gebot, daß bei der Pfandbestellung der
Besitz auf den Pfandgläubiger zu übertragen sei, noch nicht,
sofern man zuließ, daß die Uebertragung des Besitzes durch die
vom Gläubiger acceptirte Erklärung des Schuldners erfolge, nicht
mehr als Eigenthümer, sondern als Stellvertreter des Pfandgläubigers zu besitzen, oder duldete, daß nach der Bestellung
des Faustpfandrechts der Gläubiger die Sache an den Schuldner zurückgebe. So ist denn fast in ganz Deutschland jene
dem constitutum possessorium ähnliche Vereinbarung bei der
Bestellung eines Faustpfandes ausgeschlossen [12]) und das Fort-
bestehen desselben davon abhängig gemacht, daß die Sache
nicht unter irgend einem Vorwande in die Hände des Schuldners zurückgespielt werde [13]).

So wirksam nun sicherlich diese Maßregeln zur Bekämpfung
des Creditschwindels sind, haben sie doch zugleich mit dem un-
gesunden Mobiliarcredit den gesunden eingeengt und schwer
getroffen.

---

12) Theils durch ausdrückliche Gesetzesbestimmungen, theils, wo solche
fehlten, wie in Bayern und dem Gebiet des französischen Rechts, durch die
Praxis.

13) Freilich mit manchen Modificationen im Einzelnen. Das sächsische
Gesetzbuch § 447 bestimmt nur, daß das Pfandrecht (außerhalb des Konkurses) erlösche, wenn der Pfandgläubiger das Faustpfand dem Schuldner
zurückstelle, „dafern die Rückgabe nicht auf eine bestimmte Zeit oder zu einem
bestimmten Zweck mit ausdrücklichem Vorbehalt geschah". Das Einführungs-
gesetz zur Konkursordnung verordnet dagegen in § 14, daß Faustpfandrechte
im Sinne des § 40 der Konkursordnung an beweglichen Sachen nur bestehen, wenn der Pfandgläubiger oder ein Dritter für ihn den Gewahrsam
der Sache erlangt und behalten hat. Der E.B.G.B. will einen Mittelweg
einschlagen (§§ 1147, 1191): Das Pfandrecht soll durch Rückgabe an den
Eigenthümer untergehen und jeder Vorbehalt unwirksam sein. Gelangt aber
die Sache ohne Zuthun des Gläubigers in die Hände des Eigenthümers,
so erlischt das Pfandrecht nicht; es besteht nur, wenn sich das Pfand, welches
der Pfandgläubiger inne gehabt hat, in der Inhabung des Eigenthümers
oder eines Dritten befindet, welcher die Inhabung nach der Begründung des
Pfandrechts von dem Eigenthümer erlangt hat, die Vermuthung, daß das
Pfand von dem Pfandgläubiger dem Eigenthümer zurückgegeben worden sei.
Uebrigens ist nach den meisten Rechten und so auch nach dem Entwurf
Mitbesitz durch Mitverschluß oder einen gemeinsamen Detentor zulässig.

Wer, gestützt auf seine Orts- und Personenkenntniß, darauf vertrauen kann, daß er den rechten Augenblick zur Beschlag- nahme der beweglichen Habe des Schuldners, von dessen werth- vollstem Besitz bis zu den allenfalls entbehrlichen Kleidungs- stücken, nicht verstreichen lassen werde, freut sich der Bestimmung, daß keiner dem Schuldner gehörigen und in seinen Händen befindlichen Sache ein Pfandrecht anhaften kann, und die chi- rographarischen Konkursgläubiger können darin einen gewissen Trost finden, daß wenigstens keine der im Vermögen des Ge- meinschuldners vorgefundenen Sachen zu abgesonderter Befrie- digung herausgegeben zu werden brauchen.

Wer dagegen nicht in der Lage ist, selbst oder durch Be- vollmächtigte den Vermögensstand des Schuldners derart zu beobachten, daß er zu beurtheilen vermöchte, wann die Mittel des Schuldners anfangen, zur Deckung der Schulden nicht mehr zu genügen, sodaß es nöthig wird, durch Arrest oder Zwangsvollstreckung anderen Gläubigern zuvorzukommen, wer also darauf angewiesen ist, durch vertragsmäßige Pfandbestellung sich Sicherheit zu verschaffen, der findet zu diesem Zweck nur noch verhältnißmäßig wenige Mobilien geeignet, nämlich nur diejenigen, deren Besitz der Schuldner entbehren kann.

Dahin gehören vor allem die Gegenstände des Lombard- geschäfts, Werthpapiere, Edelmetalle, Münzen und Waaren, sofern der Schuldner sie erst nach Lösung des Schuldverhält- nisses zu veräußern gedenkt; ferner die Gebrauchsgegenstände, welche dem Schuldner zwar nicht nothwendig sind, welche er aber deshalb lieber verpfändet als verkauft, weil er sie später zurückzuerhalten wünscht, in erster Linie also die Hauptobjecte der Pfandleihe, wie denn auch die Geschäfte dieser Art meist mit dem Pfandleiher abgeschlossen werden.

Zwei große Gruppen von beweglichen Sachen sind da- gegen völlig untauglich geworden, der dinglichen Sicherung im Wege der Pfandbestellung zu dienen: das gewerbliche und landwirthschaftliche Inventar sowie die bewegliche Habe, deren Besitz der Schuldner auch nicht auf Zeit aufgeben kann oder mag.

Man kann zweifelhaft sein, bei welcher dieser beiden Gruppen die Unmöglichkeit der Verpfändung im Rechtsleben schwerer empfunden wird.

Der Fabrikant, welcher die ihm gehörige Fabrik mit Maschinen ausgestattet hat, die gerade nur diesem Gebäude zu dienen bestimmt sind, oder der in einem Lande, dessen Recht gewillkürte Pertinenzen kennt, z. B. in Württemberg, seine Maschinen, für Pertinenzen erklärt, kann allerdings an seinen Maschinen ebenso wie der Gutsbesitzer an seinem Inventar, dadurch ein Pfandrecht bestellen, daß er auf das Grundstück eine Hypothek legt. Sind dagegen die Mobilien nicht Pertinenzen, oder ist ihr Eigenthümer nicht zugleich Eigenthümer des Grundstücks, so mangelt dieses Hilfsmittel.

Der Restaurateur, der sein Kapital bei der Anschaffung seines Inventars erschöpft hat, kann auf dasselbe keinen Pfennig leihen, der Locomobilenbesitzer, dessen Maschine werthvoller ist als manches Grundstück, kann dieselbe, wenn er nicht den Gegenstand, der ihm seinen Unterhalt verschafft, weggeben und damit sein Geschäft im Stich lassen will, nicht einmal zur Sicherung eines Darlehns gebrauchen, das er aufnimmt, um die Maschine selbst zu verbessern oder zu repariren.

Wie dringend das Bedürfniß nach der Zulässigkeit der Verpfändung von Schiffen ohne Besitzübergabe ist, ersieht man daraus, daß für die Verpfändung von Schiffen sich in zahlreichen Rechtsgebieten besondere Normen und Einrichtungen herausgebildet haben [14]).

Das Bestreben des bedrängten Schuldners, seine bewegliche Habe, die er, ohne seine bisherige Lebensstellung aufzugeben, nicht aus der Hand geben kann, als Unterlage eines letzten Credits zu benutzen, der ihm, wie er hofft, die Möglichkeit gewähren wird, eine Besserung seiner Vermögensverhältnisse

---

14) Angéli, du gage envisagé surtout comme contrat. Thèse, Paris 1880, p. 115 : en effet, à raison de la nature et de la destination de navires, il serait souvent difficile d'employer les formes ordinaires du nantissement.

herbeizuführen oder abzuwarten, tritt naturgemäß in den Entscheidungen der höchsten Gerichte seltener zu Tage. Die Richter
der unteren Instanzen haben oft genug Gelegenheit, sich die
Frage vorzulegen, ob wirklich der Schuldner genöthigt sein soll,
Hab und Gut zu verkaufen, wenn er in einer Geldverlegenheit
Niemanden findet, der ihm ohne Sicherstellung Geld zu leihen
bereit ist.

Das Mittel, allen diesen Bedürfnissen gerecht zu werden,
welchen zu genügen der Pfandvertrag außer Stande ist, sucht
man in den geschilderten Eigenthumsübertragungen unter Reservation der Inhabung. Sie gewähren dem Gläubiger dingliche Sicherung durch eine Sache, deren Nußung dem Schuldner nicht entzogen wird, und letzterer erhält einen Anspruch auf
den Rückempfang der Sache bei Tilgung der Schuld, den man
zuweilen zu einem dinglichen zu steigern verstanden hat.

Sind diese Geschäfte giltig, so ist, darüber kann kein Zweifel
sein, das Verbot der Mobiliarhypothek ein Schlag ins Wasser.
Freilich können die Gläubiger auch dann über den Vermögens-
bestand ihres Schuldners getäuscht werden, wenn derselbe ins-
geheim sein Inventar oder Mobiliar verkauft und es nur
miethweise oder leihweise in Besitz behält. Zu einer solchen
definitiven Veräußerung wird sich aber der Schuldner weit
schwerer entschließen als zu einem Geschäft, welches ihm die
Aussicht eröffnet, das Eigenthum der Sache demnächst wieder-
zugewinnen.

Die heutige Doktrin und Praxis stehen unseren Verträgen
zweifelnd und schwankend gegenüber. Hier versucht man das
pfandrechtliche Gebot auch auf sie zu erstrecken und erklärt sie
theils für simulirt, theils für in fraudem legis abgeschlossen;
dort beruft man sich auf das praktische Bedürfniß, welches die
Zulassung solcher Verträge fordere, oder bestreitet wenigstens,
daß nach der Lage der Gesetzgebung Mittel gegeben seien, sie
zu unterdrücken. Während z. B. das vormalige Obertribunal
zu Stuttgart sich in zahlreichen Fällen [15]) fast constant gegen

---

15) Kübel u. Sarwey, a. a. O.

unsere Rechtsgeschäfte ausgesprochen hat, nahm das Rostocker Oberappellationsgericht bezw. Oberlandesgericht [16]) stets für dieselben Partei. Die Entscheidungen des Reichsgerichts [17]) verrathen mindestens, daß im Schoß dieses Gerichtshofes die Ansichten über das Wesen dieser Verträge erheblich divergiren.

Bechmann [18]) hat mit Bezug auf den Kauf mit Rückkauf geäußert: „Daß es verkehrt ist, in solchen Fällen ohne Weiteres von einem simulirten Geschäfte oder von einem solchen zu sprechen, welches in fraudem legis geschlossen wird, ist heutzutage ziemlich allgemein anerkannt; die Frage aber, wo die Grenze liegt, kann nur auf einer breiteren Grundlage erörtert werden."

Die folgenden Untersuchungen haben die Aufgabe, diese breitere Grundlage" zu schaffen.

Nicht um den Verstoß gegen das Verbot der Mobiliarhypothek allein handelt es sich. Als das Pfandrecht noch keine genügende Sicherheit gewähren konnte, als es noch kein Separationsrecht im Konkurs verlieh, da bediente man sich des Kaufs auf Wiederkauf, um diesen Mängeln abzuhelfen; zu den Zeiten Carpzov's, Thomasius' und Pufendorf's sind zahlreiche Erörterungen über den Unterschied zwischen Pfandvertrag und Kauf auf Wiederkauf dadurch hervorgerufen, daß sich damals in das Gewand des letzteren Geschäfts das verbotene verzinsliche und wucherische Darlehn zu kleiden pflegte; in der Gegenwart aber verbindet man mit der Eigenthumsübertragung zur Sicherung einer Forderung häufig genug auch die Absicht, dem Verbot der lex commissoria bei der Verpfändung auszuweichen.

---

16) An den in Anm. 1 angegebenen Stellen und E.R.G. XIII, S. 200, Entsch. b. O.A.G. zu Rostock VIII (R. F. II), No. 15. Vgl. auch betr. cessio in securitatem ebenda VI, No. 44 (= S.A. XIX, No. 144); VIII, No. 25.

17) E.R.G. II, No. 44, 45; XIII, No. 47, S. 200. S.A. XXXVI, No. 8, 99, 100.

18) Der Kauf II, 1 (1884), S. 534.

Neben der im Vorstehenden gekennzeichneten Uebertragung des Eigenthums zur Sicherung von Forderungen werden wir den „Vorbehalt des Eigenthums" zur Sicherung der Kaufpreisforderung zu untersuchen haben. Vor allem aber müssen wir unsere Verträge, je nachdem sie dem Schuldner nur einen obligatorischen Anspruch auf Rückempfang geben oder das Eigenthum unmittelbar an ihn zurückfallen lassen, in die beiden Klassen der fiduciarischen und bedingten Eigenthumsübertragungen zur Sicherung von Forderungen scheiden und beide im Zusammenhang der fiduciarischen und bedingten Eigenthumsübertragungen überhaupt betrachten.

I. Theil.
Die bedingten Eigenthumsübertragungen.

§ 1.
Zur Fragestellung.

Bei einem hannoverschen Amtsgericht wurde als Anlage einer Pfändungsinterventionsklage ein Vertrag vorgelegt, welcher folgende Bestimmungen enthielt:

§ 1: Herr F. verkauft an Herrn W. die auf der angehefteten Anlage einzeln verzeichneten Sachen (sein gesammtes Mobiliar) für den verabredeten Kaufpreis von 400 M. Der Kaufpreis soll zur Tilgung nothwendiger Schulden verwandt werden.

§ 2: Die Kaufobjecte werden sofort in der Weise tradirt, daß Herr F. hiermit erklärt, daß er von heute an die Kaufobjecte nur namens des Herrn W. besitzt und innehat.

§ 3: Der Kaufpreis von 400 M. ist bezahlt, und quittirt Herr F. über den richtigen Empfang desselben.

§ 4: Herr F. ist verpflichtet und berechtigt, die Kaufobjekte für den Preis von 400 M. innerhalb eines Vierteljahres von heute an zurückzukaufen, und ist mit Rückzahlung dieses Kaufpreises ohne Weiteres wieder Eigenthümer der Kaufobjecte.

In einem Nachtragsvertrag fand sich der Kaufpreis auf 650 M. erhöht, mit der Begründung, daß eine vorgenommene

Taxation diese Summe als angemessene Entschädigung habe
erscheinen lassen. Eine Bestimmung über die entsprechende
Erhöhung der Rückkauffumme fehlte.

Hier interessirt uns zunächst die Schlußbestimmung des
§ 4, daß mit der Rückzahlung des Kaufpreises oder richtiger
mit der Zahlung des Rückkaufpreises F. ohne Weiteres wieder
Eigenthümer der Kaufobjecte sein solle.

Daß diese Bestimmung sich juristisch nur durch die Annahme rechtfertigen läßt, F. habe das Eigenthum an den fraglichen Mobilien dem W. unter der auflösenden Bedingung
übertragen wollen, daß F. nicht innerhalb drei Monaten 400 M.
an W. zahle, unterliegt keinem Zweifel. Der älteren Theorie
würde es auch außer Frage gestanden haben, daß vermöge
dieser Construction das von den Vertragschließenden erstrebte
Ziel des unmittelbaren Eigenthumsrückfalls erreicht werden
könne. Man erachtete es als selbstverständlich, daß der dingliche
Vertrag wie jeder andere Vertrag bedingt abgeschlossen werden
könne, und daß der Bedingung die Kraft beizumessen sei, den
dinglichen Vertrag mit dinglicher Wirkung zu beseitigen. In
neuerer Zeit aber sind in der Doktrin des gemeinen Rechts wie-
derholt lebhafte Angriffe gegen die dingliche Wirkung gerade
der Bedingung gerichtet, um welche es sich in unserem Falle
handelt, der Resolutivbedingung. Man hat den Nachweis versucht, daß die römischen Quellen nicht, wie man angenommen
hatte, zahlreiche Zeugnisse der Anerkennung der bedingten
Eigenthumsübertragung enthalten, ja daß die Römer überhaupt keinen Fall der resolutiv bedingten Tradition gekannt
haben. Auch die Anerkennung der suspensiv bedingten, dinglich wirkenden Tradition im römischen Recht hat Anfechtung
erfahren [19]). Den zahlreichen Erörterungen dieser Fragen eine
neue anzuschließen, würde zwecklos sein; nur darauf ist hinzuweisen,
daß den Vertheidigern der bedingten Eigenthumsübertragung
im römischen Recht ein gewichtiges Argument entzogen wird,

19) Vgl. neuestens Enneccerus, Rechtsgeschäft, Bedingung und Anfangs-
termin (1889), S. 442 ff.

wenn es wahr ist, daß die Römer in der Tradition nicht einen Vertrag gesehen haben [20]). Für das Recht der Gegenwart und der Zukunft ist von größerer Wichtigkeit die Frage, ob die dinglich wirkende Bedingung mit dem Traditionsprincip in Einklang gebracht werden kann. Die Entscheidung hierüber gewinnt erhöhte Bedeutung für das Recht unseres Gesetzbuchentwurfs, welcher weder ein Princip über die Zulässigkeit der bedingten Eigenthumsübertragung aufstellt, noch, wie (nach der Ansicht Einiger) das römische Recht, einzelne Fälle bestimmt, in denen die bedingte Eigenthumsübertragung statthaft wäre. Für denjenigen, welcher dieselbe allgemein oder wenigstens als eine resolutive für unmöglich hielte, wäre damit entschieden, daß sich in dem obigen Fall die auf unmittelbaren Rückfall des Eigenthums gerichtete Absicht der Parteien nicht verwirklichen kann, und wir würden sofort zur Prüfung der Frage, ob etwa unser Vertrag als eine Eigenthumsübertragung mit der (obligatorischen) Verpflichtung zur Rückübertragung des Eigenthums aufrecht zu erhalten sei, und damit zur Betrachtung der „fiduciarischen" Eigenthumsübertragungen übergehen können. Wer aber meint, daß die Bedenken, welche das Verhältniß der dinglich wirkenden Bedingung zu dem Princip des Eigenthumsübergangs durch körperliche Uebergabe erregt, durch die juristische Construction leicht überwunden werden können, wenn nur das praktische Bedürfniß die Zulassung der bedingten Eigenthumsübertragungen fordert, der wird sich weiter zur Untersuchung der Frage gedrängt fühlen, welchen Bedürfnissen die bedingte Eigenthumsübertragung zu genügen bestimmt und geeignet ist, welche Rechtsverhältnisse die Vertragschließenden durch sie begründen wollen.

Die Prüfung des Inhalts der durch die bedingte Eigenthumsübertragung geschaffenen Rechtsverhältnisse wird dem Urtheil über die Gültigkeit oder Ungültigkeit des an der Spitze dieses Paragraphen wiedergegebenen Vertrages als Grundlage dienen.

---

20) Pernice, Parerga III, Sav. Zeitschr. IX, insbes. S. 204.

§ 2.
Die bedingte Eigenthumsübertragung und das Traditions=
princip.

Solange die Theorie von der rückwirkenden Kraft der Bedingung auch in der Lehre von den bedingten Eigenthums= übertragungen herrschte, war es nicht schwer, die Revocabilität des Eigenthums zu rechtfertigen. Mit dem Augenblick des Eintritts der Suspensivbedingung galt der Erwerber als Eigenthümer vom Moment der Tradition ab, beim Eintritt der Resolutivbedingung gestaltete sich das Verhältniß so, als wenn der Veräußerer niemals das Eigenthum übertragen hätte. Riesser's[21]) Widerspruch gegen diese Fiction blieb ohne erheb= lichen Einfluß. Seit aber durch die Schrift Fitting's über den Begriff der Rückziehung jene Theorie in Mißcredit gekommen ist, hat in der gemeinrechtlichen Doktrin sich wenigstens gegen die dinglich wirkende Resolutivbedingung häufiger Widerspruch erhoben.

Die dingliche Wirkung der Suspensivbedingung hat neuer= dings an beachtenswerther Stelle Anfechtung erfahren.

Die Motive zum Entwurf des bürgerlichen Gesetzbuchs[22]) bemerken, daß eine gegenwärtige Einräumung des Besitzes mit der Natur der Suspensivbedingung und mit der Absicht der Parteien in einem gewissen Widerspruche stehe. Dem Willen der letzteren entspreche es, daß der Besitzwechsel und damit die Perfection des Vertrages bis zu der Entscheidung der Be= dingung hinausgeschoben werde.

In der That ist nicht zu verkennen, daß die Verbindung der suspensiv bedingten Eigenthumsübertragung mit dem Tra= ditionsprincip nicht unerheblichen Bedenken unterliegt, wenn anders man es mit dem Traditionserforderniß ernst nimmt.

---

21) Zeitschr. f. C.R. u. Pr. II, S. 1 ff., 270 ff.
22) III, S. 339. Die Motive zum allgemeinen Theil (I, S. 248) lassen einen Zweifel an der Zulässigkeit der Suspensivbedingung bei der Eigenthumsübertragung nicht erkennen.

Wie das römische Recht verlangt der Entwurf die Besitzübertragung bei dem Eigenthumsübergang durch Rechtsgeschäft
unter Lebenden deshalb, weil es eines erkennbaren Momentes
bedarf, der die obligatorische Verpflichtung des Veräußerers,
den Anspruch des Erwerbers auf Uebertragung des Eigenthums
von der Vollendung dieser Obligation, dem Wechsel in der
Person des Eigenthümers scheidet. Wenn nun der Händler
der Näherin eine Nähmaschine mit der Bestimmung vermiethet,
daß nach Erstattung des Miethzinses bis zu einer gewissen Zeit
bzw. bis zur Höhe eines bestimmten Betrages die Maschine
als verkauft gelten und das Eigenthum übergehen soll, so erhebt sich die Frage, ob bei Eintritt der Bedingung das Eigenthum ohne Weiteres der Näherin zufällt, oder ob es einer
Uebertragung von Seiten des Veräußerers bedarf. Diese Frage
gewinnt praktische Bedeutung, wenn bei dem Eintritt der Bedingung der animus transferendi dominii bei dem Veräußerer
nicht vorhanden ist, sei es, daß dieser, das Abkommen mit der
Näherin verletzend, sich weigert, sie als Eigenthümerin anzuer-
kennen, sei es, daß er ohne Erben gestorben, geschäfts- oder
dispositionsunfähig geworden ist. Man wird das Kriterium
darin suchen, ob der Veräußerer in Uebereinstimmung mit der
Näherin den Willen hat, nicht allein die Sache ihr deshalb
zu übergeben, damit sie dieselbe als Mietherin benutze, sondern
auch, damit sie dieselbe eventuell als Käuferin habe. Während
nun sonst die Frage, welche Wirkung eine Tradition ausübt, sich aus der sie begleitenden causa ergiebt, während also,
wenn dem Käufer die gekaufte Sache übergeben wird, sonst
regelmäßig, von dem bald zu erörternden Eigenthumsvorbehalt
abgesehen, Eigenthum übergeht, weil der Verkäufer keinen anderen Willen haben kann, als mit dem Besitz Eigenthum zu
übertragen, läßt sich hier, wo ein bedingter Kauf vorliegt, auf
den Charakter der Besitzübergabe nicht mit Sicherheit schließen.
Denn vor Eintritt der Bedingung brauchte der Händler das
Eigenthum nicht zu übertragen; die Hingabe der Sache läßt
sich sowohl einzig und allein aus dem Miethverhältniß deuten,
als auch, wenn man die Möglichkeit der bedingten Tradition

Leist, Sicherung von Forderungen. 2

anerkennt, aus dem eventuellen Verkauf erklären. Ob neben der causa der Miethe auch die causa des Verkaufs maßgebend war, muß sich also, wie im französischen Recht, welches die Tradition als Erforderniß der Eigenthumsübertragung nicht kennt, aus anderen Umständen ergeben.

Ebenso wesenlos wie in diesem Fall ist die Tradition dann, wenn der Besitz bis zum Eintritt der Bedingung dem Ver= äußerer verbleiben soll. Wird hier erfordert, daß die Sache dem Erwerber einmal mit dem Willen, ihn damit dereinst zum Eigenthümer werden zu lassen, übergeben wird, obwohl sofort die Sache zum Veräußerer zurückkehrt, damit dieser sie nicht als Detentor, sondern als Eigenthümer besitze, so wird die Tradition zu einem bedeutungslosen Schemen entstellt. Die Tradition ist aber nicht in dem Sinne eine Form der Eigen= thumsübertragung, wie etwa jene Sitte in einer großgriechischen Stadt, in der die Contrahenten an drei der nächsten Nachbarn eine kleine Münze μνήμις ἕνεκα καὶ μαρτυρίας gaben. Eine solche Form würde der Ausnutzung zu suspensiv bedingten Eigenthumsübertragungen an sich nicht widerstreben. Vielleicht konnte den Nachbarn bei der Ueberreichung des Geldstücks ge= sagt werden, daß erst bei Eintritt eines bestimmten, jetzt noch ungewissen Ereignisses das Eigenthum übergehen solle. Die Eigenthumstradition aber ist nichts anderes als die Einsetzung des Erwerbers in die Herrschaft über die Sache. Deshalb schuf man, als man den Eigenthumserwerb durch constitutum possessorium und brevi manu traditio zuließ, damit nicht Ausnahmen vom Traditionsprincip, deshalb brach man damit nicht, wie Bähr[23]) meint, den Satz, daß Eigenthum nur durch reale Uebertragung der Herrschaft über die Sache übermittelt werden könne. Denn durch constitutum possessorium und brevi manu traditio wird dem Erwerber in Wahrheit die Herrschaft über die Sache verschafft. Wohl aber wird das Traditionsprincip dadurch durchbrochen, daß man die Tradition für einen künftigen Fall zuläßt; denn hier verliert die Tradition

---

23) Urtheile des Reichsgerichts mit Besprechungen, S. 64.

ihre Bedeutung; sie überträgt die Herrschaft über die Sache nicht, sondern der Tradent bleibt in der Herrschaft. Die Tradition wird also zu einer leeren Form.

Sieht man in der Resolutivbedingung einen suspensiv bedingten Nebenvertrag, wie dies in neuerer Zeit üblich geworden ist, so stehen ihr dieselben Bedenken entgegen. Faßt man dagegen die Resolutivbedingung als eine Selbstbeschränkung des Uebertragungswillens auf, so verschiebt sich lediglich die Frage; denn gerade das unterliegt erheblichem Zweifel, ob der Eigenthumsübertragungswille beschränkt werden könne.

Es genügt, auf die Bedenken, welche gegen die bedingten Eigenthumstraditionen sprechen, hingewiesen zu haben. Daß das positive Recht sie dennoch mit Rücksicht auf die Zwecke, denen sie zu genügen geeignet sind, festhalten darf, kann nicht geleugnet werden.

§ 3.
Die Zwecke der bedingten Eigenthumsübertragung.
1. Sicherung einer Sachschuld.

Die Motive zum Entwurf des bürgerlichen Gesetzbuchs²⁴) werfen die Frage auf, „ob der Gesetzgeber nicht wohl daran thue, überhaupt eine bedingte Eigenthumstradition nicht zuzulassen, um einen Schwebezustand zu verhüten, von welchem eine gewisse Rechtsunsicherheit befürchtet werden könnte". Sie entscheiden sich für die Zulässigkeit der bedingten Eigenthumsübertragung, weil dieselbe praktischen Interessen diene, deren Beachtung von überwiegender Bedeutung sei: „Die Zulässigkeit der Hinzufügung einer Bedingung bewirkt, daß die Betheiligten auch dann, wenn sie ein zukünftiges ungewisses Ereigniß auf die Eigenthumsfrage von Einfluß sein lassen wollen, den dinglichen Vertrag nicht hinauszuschieben brauchen und sich gegenseitig die erwünschte sichere Lage verschaffen können. Besonders

24) III, S. 388.

2*

häufig ist die bedingte Tradition im Fall einer in gleicher Weise bedingten Verbindlichkeit zur Leistung einer Sache, da sie eine Erledigung des Schuldverhältnisses unter beiderseitiger Sicherung vor Eintritt der Bedingung ermöglicht."

Bei einer Uebersicht über die wichtigsten Arten dieser bedingten Traditionen wird der gemeinrechtliche Jurist mit der in diem addictio beginnen, bei welcher nicht allein die Wirksamkeit des Veräußerungsgeschäftes, sondern auch der dingliche Vertrag von der Bedingung abhängig gemacht ist, daß nicht in bestimmter Frist[25]) ein vom Veräußerer angenommenes und vom Erwerber nicht überbotenes besseres Gebot abgegeben wird. Wegen ihrer praktischen Wichtigkeit verdient die in diem addictio die Stellung an der Spitze der bedingten Traditionen nicht; sie ist ein Rechtsverhältniß „von überaus geringer praktischer Bedeutung"[26]). Der Entwurf des bürgerlichen Gesetzbuchs[27]) hat zwar eine Bestimmung über den Vorbehalt des besseren Gebots für erforderlich gehalten, ihm aber, unbeschadet der Wirksamkeit des auf einen bedingten dinglichen Vertrag gerichteten Willens, nur obligatorische Kraft beigemessen.

Wichtiger ist der Kauf auf Probe; bei diesem ist es aber in der Doctrin des gemeinen Rechts sehr bestritten, ob die Erklärung des Käufers, von dem Geschäft zurückzutreten, im Fall des resolutiven Vorbehalts lediglich den Kaufvertrag oder auch den dinglichen Vertrag derart auflöse, daß der Verkäufer den Gegenstand aus der Hand eines Dritten vindiciren könne. Es ist nicht zu verkennen, daß die Anerkennung der dinglich wirkenden Bedingung hier, wo dieselbe auf dem Belieben des einen Vertragschließenden beruht, besonders gewichtigen Bedenken

---

25) Dies Erforderniß scheint mir durch den Namen in diem addictio gegeben zu sein (vgl. Bechmann, Kauf II, S. 501). Verkauft ein Darlehnsbedürftiger seine Sache unter der Bedingung, daß ihm dieselbe wieder zufallen solle, wenn ihm dadurch, daß ein Anderer mehr auf die Sache bietet, die Rückzahlung der Summe ermöglicht werde, so liegt eine eigentliche in diem addictio wohl nicht vor.

26) Bechmann, Kauf II,2, S. 508, A. 2; M.E. II, S. 337.

27) E.B.G.B. §§ 474 u. 475.

unterliegt. Der Entwurf des bürgerlichen Gesetzbuchs will auch hier dem Willen der Parteien freies Spiel lassen; der Regel nach werden die Parteien, wenn sie überhaupt Resolution und nicht Suspension wünschen, nur an einen Rücktritt mit obligatorischer Wirkung denken; nach dem Entwurf steht aber nichts im Wege, daß „die Rücktrittserklärung als Resolutivbedingung wirke (ipso iure, dingliche Bindung)"[28]).

Dem Kauf auf Probe „einigermaßen verwandt"[29]) sind die Fälle, in welchen zwei in der Weise concurrirende Geschäfte abgeschlossen sind, daß ein zukünftiges Ereigniß darüber entscheidet, ob das eine oder andere Geschäft Kraft hat. Gaius[30]) führt den Fall an, daß Jemand einen Gladiator unter der Bedingung, daß derselbe getödtet oder schwer verwundet werden sollte, kauft und unter der entgegengesetzten Bedingung miethet. Ueberläßt man es der freien Disposition der Parteien, ob die Bedingung obligatorische oder dingliche Wirkung ausübe, so kann auch in solchen Fällen eine bedingte Eigenthumstradition vorkommen.

Auch der Trödelvertrag kann im Anschluß an diese Geschäfte genannt werden.

Eine weitere Aufzählung von Fällen bedingter Eigenthumstraditionen würde zwecklos sein. Hält man prinzipiell die bedingte Eigenthumsübertragung für zulässig, so wird man sie in Verbindung mit jedem Geschäft sich denken können, welches unter einer Bedingung zur Eigenthumsübertragung verpflichtet.

Wir können vielmehr gleich dazu übergehen, in Anknüpfung an ein Beispiel die Rechtsverhältnisse zu erörtern, welche durch eine bedingte Eigenthumsübertragung geschaffen werden.

28) M.E. II, S. 334.
29) Bechmann, Kauf II,2, S. 408.
30) III, § 146.

§ 4.
Fortsetzung. Die entstehenden Rechtsverhältnisse.

Ein Landwehroffizier wünscht sich für den Fall, daß innerhalb der nächsten zwei Jahre, während deren er voraussichtlich noch der Landwehr angehören wird, ein Krieg ausbricht, eines Pferdes zu versichern. Zu diesem Zwecke kauft er unter der Bedingung, daß ein Krieg ausbreche, während er der Landwehr angehöre, ein Pferd, und, um ganz sicher zu gehen, läßt er sich das Thier unter der gleichen Bedingung tradiren.

Das Geschäft kann entweder so abgeschlossen werden, daß der Offizier sofort Eigenthümer wird, das Eigenthum aber mit dem Ende des Militärverhältnisses zum Verkäufer zurückkehrt, welcher inzwischen im Besitz des Pferdes verbleibt, oder so, daß der Offizier erst mit Ausbruch des Krieges das Eigenthum des Pferdes erlangt.

Im ersteren Fall ist der Käufer, im letzteren der Verkäufer zu allen rechtlichen Dispositionen über die Sache legitimirt. Mit dem Eintritt der Bedingung aber, welcher das Eigenthum auf den anderen Theil übergehen läßt, werden alle rechtlichen Veränderungen aufgehoben, welche in der Zwischenzeit die Sache betroffen haben und dem nunmehrigen Eigenthümer nachtheilig wären.

Durch die dingliche Gebundenheit, wie man in neuerer Zeit diese Folge der bedingten Eigenthumsübertragung mit Vorliebe nennt, werden nicht allein die Rechte betroffen, welche durch den Zwischeneigenthümer selbst begründet sind. Auch die Rechte, welche Dritte durch Pfändung oder durch den ihr folgenden Pfandverkauf erworben haben, gehen beim Eintritt der Bedingung unter. Ja, es wird ein Dritter sich gegenüber der Vindication des nunmehrigen Eigenthümers nicht einmal auf Ersitzung berufen dürfen, wenn anders es gestattet ist, die auf bedingte Legate bezügliche Vorschrift Justinian's in l. 3 § 3 a C. comm. de legat. 6,43 hier analog anzuwenden. Hat Jemand unter einer Resolutivbedingung Eigenthum übertragen, so berührt die Rechtskraft eines gegenüber dem interimistischen Eigenthümer ergangenen Urtheils den Trabenten, falls später die Bedingung eintritt, nicht, da derselbe nicht Rechtsnachfolger des interimistischen Eigenthümers ist. Zweifelhafter kann der subjective Umfang der Rechtskraft bei der suspensiv bedingten Eigenthumsübertragung erscheinen. Hier liegt eine Rechtsnachfolge allerdings vor, und die Motive zum Entwurf des bürgerlichen Gesetzbuchs [31]) nehmen deshalb an, daß das gegen den Trabenten ergangene Urtheil auch für den Erwerber maßgebend sei. Allein die Ausführung der Motive — der Umstand, daß der bedingt Verpflichtete zum Nachtheil des bedingt Berechtigten während der Schwebezeit nicht verfügen könne, stehe dem nicht entgegen, weil der Entwurf in der Prozeßführung nicht eine Verfügung über den. in Streit befangenen Gegenstand, sondern einen auf dessen Erhaltung gerichteten Verwaltungsakt sehe, zu welchem der bedingt Verpflichtete nicht nur berechtigt, sondern zunächst auch allein verpflichtet sei — dürfte die Ausnahme von dem Prinzip, daß die rechtlichen Veränderungen der Zwischenzeit den bedingt Berechtigten nicht berühren, kaum zu begründen geeignet sein. Weder das geltende Recht noch der Entwurf enthält den Satz, daß dem bedingt Verpflichteten gegenüber dem bedingt Berechtigten ein Verwaltungsrecht zustehe.

In den modernen Rechten, welche dem Grundsatz nemo plus iuris transferre potest quam ipse habet das Prinzip „Hand muß Hand wahren" gegenübergestellt haben, ist freilich die Vindication des definitiven Eigenthümers erheblich eingeschränkt. Während nach römischem Recht nicht bloß diejenigen ihres Erwerbes beraubt werden, welche propter spem condicionis minime implendae ein Speculationsgeschäft abgeschlossen haben, sondern auch jene, welche sich ohne Kenntniß der Bedingung mit dem interimistischen Eigenthümer einließen, genießen diese jetzt den Schutz des gutgläubigen Erwerbers. Daß hierdurch die dem bedingt Berechtigten [32]) gewährte Sicherheit

---

31) I, S. 379.
32) Vgl. zur Entschuldigung dieses Sprachgebrauches: M.E. I, S. 256.

dann, wenn der bedingt Verpflichtete sich im Besitz befindet, erheblich gemindert wird, bedarf keiner Ausführung. Der bedingt Berechtigte muß bei diesem System, wenn er nicht seiner Ansprüche verlustig gehen will, aufmerksam die Handlungen des bedingt Verpflichteten überwachen, um durch rechtzeitige Mittheilungen an diejenigen, welche die Sache von dem derzeitigen Eigenthümer zu kaufen oder zu Pfand zu nehmen im Begriff sind, denselben die bona fides zu benehmen. Wichtiger als diese Fälle, in denen eine Treulosigkeit des bedingt Verpflichteten vorausgesetzt wird, sind die Fälle, in welchen dem bedingt Verpflichteten die Sache abgepfändet wird. Hier mag man es dem bedingt Verpflichteten weniger verdenken, wenn er den pfändenden Gläubiger von der Exspectanz eines Anderen nicht unterrichtet. Der bedingt Berechtigte wird also doppelte Veranlassung haben, dafür zu sorgen, daß die Sache nicht an einen Dritten gelangt, der von seinen Ansprüchen keine Kenntniß hat.

Gelingt ihm dies, so wird die Zwangsvollstreckung in das übereignete Object meist unterbleiben. Solange der Gläubiger neben dieser Sache noch andere Gegenstände in dem Vermögen des Schuldners findet, welche ihm Befriedigung zu verschaffen geeignet sind, wird er auf diese greifen, ebenso wie der römische Richter statt der Sache, um welche gestritten wurde, eine andere zum Pfand nahm, si quod est sine controversia [33]).

Bedenklich wird die Sachlage nur, wenn entweder die fragliche Sache die einzige ist, an welche sich der Gläubiger halten kann, oder wenn es im Konkurse gilt, das ganze Vermögen zur Befriedigung der Gläubiger zu verwenden. Durch die Konkurseröffnung wird die dingliche Gebundenheit ebensowenig wie eine andere dingliche Last getilgt. Die Motive zum Entwurf des bürgerlichen Gesetzbuchs [34]) heben hervor, daß sich in diesem Punkte die Unterbindung der Verfügungsmacht des Eigenthümers über die Sache, wie sie durch eine bedingte Eigenthumsübertragung erzeugt werde, wesentlich von

---

33) Fr. 15 § 4 de re iudic. 42, 1.
34) I, S. 259.

derjenigen unterscheiden wird, welche ein relatives Veräußerungsverbot erzeugt. Nach § 107 des Entwurfs soll dieses letztere
den Konkursgläubigern gegenüber seine Wirkung verlieren; an-
dererseits soll die Zwangsvollstreckung in das einem Ver-
äußerungsgebot unterliegende Object unzulässig sein. Diese
letztere Bestimmung rechtfertigen die Motive damit, daß die
Gestattung einer solchen, dem Erwerber nur ungewisse — weil
gegenüber dem durch das Verbot Geschützten unwirksame —
Rechte gewährenden Veräußerung unzweckmäßig sei; nur selten
werde sich ein Ersteher finden, und jedenfalls sei kein ange-
messenes, dem Interesse desjenigen, welchem der Gegenstand
gehört, gerecht werdendes Gebot zu erzielen. Diese Erwägung
mußte auch hinsichtlich des bedingt übereigneten Objects in
Betracht kommen [35]); man hat sie aber deshalb nicht für aus-
schlaggebend erachtet, weil die gleiche Regelung wie bei dem
Veräußerungsverbot dem Schuldner die Möglichkeit eröffnen
würde, durch bedingte Eigenthumsübertragungen Gegenstände
seines Vermögens beliebig der Zwangsvollstreckung zu entziehen.
Es wird darauf hingewiesen, daß die für den Gläubiger hierin
liegende Gefahr um so mehr ins Gewicht falle, als der Schuldner leicht Bedingungen wählen könne, deren Erfüllung oder
Ausfall erst in ferner, kaum absehbarer Zeit sich entscheidet.
Allerdings werden solche Geschäfte meist in der dem andern
Theil bekannten Absicht geschlossen werden, die Gläubiger zu
benachtheiligen; aber die Anfechtung eines Rechtsgeschäftes aus
dem Gesetz vom 21. Juli 1879 ist mit einer so schweren Be-
weispflicht verbunden, daß man, wie es scheint, nicht daran
gedacht hat, auf sie allein den Gläubiger zu verweisen. Man
hat daher lieber den Uebelstand in den Kauf genommen, daß
eine Menge Speculationsgeschäfte hervorgerufen und die bekanntlich niedrigen Preise der Zwangsversteigerungen zum Nachtheil des zeitweiligen Eigenthümers zu wahren Schleuderpreisen
herabgedrückt werden. Im Konkurse ist zudem ein außerordent-
liches Hilfsmittel durch die in § 133ᵃ des Entwurfes dem
Richter gewährte discretionäre Vollmacht gegeben.

35) M.C. I, S. 268.

Vermag der bedingt Berechtigte, also derjenige, welchem beim Eintritt der Suspensivbedingung das Eigenthum zufällt oder beim Eintritt der Resolutivbedingung das Eigenthum zurückfällt, die Schicksale der Sache zu überwachen, weil er sie selbst in Händen oder doch unter Augen hat, so ist die Sache für den bedingt Verpflichteten, den derzeitigen Eigenthümer, entwerthet und oft thatsächlich außer Kurs gesetzt.

Ist der bedingt Berechtigte nicht in der Lage, eine solche Kontrolle zu üben, so fragt es sich, ob das Recht ihm nicht Mittel an die Hand giebt, welche ihn gegen schädigende Ver- änderungen, mögen sie darin bestehen, daß die Sache durch Erwerb eines bonae fidei possessor entfremdet wird, oder daß sie sich thatsächlich den Augen und dem Machtbereich des bedingt Berechtigten entzieht, zu schützen vermögen.

§ 5.
Fortsetzung. Der Schutz des bedingt Berechtigten.

Solange die Bedingung noch nicht eingetreten ist, steht dem bedingt Berechtigten ein Anspruch auf den Besitz der Sache nicht zu, sofern er einen solchen nicht wenigstens gegenüber dem anderen Theil durch einen obligatorischen Vertrag ge- wonnen hat.

In der gemeinrechtlichen Doctrin und Praxis ist es be- stritten, ob und inwieweit der bedingt Berechtigte vor dem Eintritt der Bedingung zum Schutz gegen Maßregeln des be- dingt Verpflichteten oder andere Ereignisse, welche seine Aus- sicht auf die Erlangung der Sache zu gefährden geeignet sind, Cautionsbestellung beanspruchen könne[36]. Nicht einmal dar- über herrscht Einverständniß, ob ex iusta causa[37] mehr als Verbalcaution (Stipulation, Anerkenntniß) gefordert werden könne; darüber, was als iusta causa zu betrachten sei, be-

---

36) Vgl. Windscheid, Pand.⁶, I, S. 280.

37) Fr. 41 de iud. 5, 1.

stehen keine Regeln. Dem Ermessen des Richters wird es da=
her auch zu überlassen sein, nicht nur wann, sondern ob er
überhaupt in Fällen bedingter Eigenthumsübertragung dem
bedingt Berechtigten durch eine einstweilige Verfügung aus
§ 814 der Civilprozeßordnung helfen will.

Der Entwurf des bürgerlichen Gesetzbuchs[38]) gesteht dem
bedingt Berechtigten einen Anspruch auf Sicherheitsleistung
dann zu, wenn die Voraussetzungen vorhanden sind, welche
nach §§ 796, 797 der Civilprozeßordnung für die Gewährung
eines Arrestes maßgebend sind. Im Konkurs soll der unter
einer Suspensivbedingung Berechtigte[39]) schlechthin ein Recht
auf Sicherheitsleistung haben mit der bereits erwähnten Aus=
nahme für den Fall, daß „das bedingte Recht wegen der ent=
fernten Möglichkeit der Erfüllung der Bedingung als ein gegen=
wärtiger Vermögensbestandtheil sich nicht betrachten läßt". Eine
einstweilige Verfügung soll auch bei einem bedingten Recht
nach den Vorschriften der §§ 814—822 der Civilprozeßordnung
zulässig sein.

Da es sich hier um eine Individualleistung handelt, welche
in eine Geldforderung übergehen kann, kommen sowohl die
Regeln des Arrestes als der einstweiligen Verfügung in Be=
tracht. Es wird also entweder der eventuelle Schadensersatz=
anspruch durch Pfändung in den Grenzen des Arrestes, oder
der bedingte dingliche Anspruch durch Sequestration, Ver=
äußerungsverbot u. s. w. gesichert werden können.

Zur Begründung dieser oder jener Sicherungsmaßregel
ist festzustellen, daß der Verwirklichung der Rechte des bedingt
Berechtigten Vereitelung oder wesentliche Erschwerung droht.
In einem Fall wie dem zu Anfang des § 4 gedachten wird
die Entscheidung dem Richter nicht leicht sein. Bittet der Land=
wehroffizier um eine einstweilige Verfügung mit der Begrün=
dung, daß sein Verkäufer als derzeitiger Eigenthümer das Pferd

---

38) § 133.
39) Ueber den Fall, daß der Gemeinschuldner bedingt berechtigt ist,
vgl. unten § 7.

zum Verkauf ausbiete, und daß zu besorgen sei, es werde ein
gutgläubiger Erwerber das Pferd kaufen, oder es werde durch
den Verkauf auf einem Pferdemarkt das Pferd abhanden
oder doch an einen Ort kommen, von dem es bei Eintritt
der Bedingung nicht rechtzeitig abgeholt werden könne, so wird
der Richter die Entscheidung vielleicht davon abhängig zu
machen geneigt sein, ob der Eintritt der Bedingung wahrschein-
lich ist oder nicht. Erachtet sich aber der Richter zu einem
Urtheil darüber, ob innerhalb der nächsten zwei Jahre ein
Krieg ausbrechen wird, außer Stande, so spricht viel dafür,
den bedingt Berechtigten durch ein Veräußerungsverbot oder,
wenn etwa der derzeitige Eigenthümer den Offizier durch über-
mäßige Benutzung des Thiers gefährdet, selbst durch eine Sequestration desselben zu schützen.

Auf diese Weise kann sich leicht durch die Praxis aus
dem causa cognita zu gewährenden Gesuch um eine einstweilige
Verfügung ein von dem Nachweis der Gefährdung abhängiger
Anspruch auf richterlichen Schutz herausbilden.

§ 6.

**Fortsetzung. Die Uebertragbarkeit der bedingten
Berechtigung.**

Es kommt hinzu, daß die Exspectanz des bedingt Berechtigten nicht schlechthin unübertragbar ist.

Befindet sich die Sache in den Händen des Anfall- oder
Rückfallberechtigten, so kann derselbe durch Tradition das Eigenthum unter derselben Bedingung, unter der er es selbst erlangen würde, übertragen. Allerdings ist die Tradition, welche
im Hinblick auf einen künftig möglichen Eigenthumserwerb des
Tradenten und in beiderseitigem Einverständniß darüber vorgenommen wird, daß dem Tradenten augenblicklich lediglich
Detention zusteht, nichts als eine leere Form. Aber sie ist es
nicht mehr, wie die Tradition des gegenwärtigen Eigenthümers,
die nicht jetzt, sondern erst mit dem Eintritt eines ungewissen

Ereignisses Eigenthum übertragen soll. Fällt dem bedingt Berechtigten mit dem Eintritt der Bedingung Eigenthum zu, so erlangt mit diesem Augenblick die von ihm vorgenommene Tradition Rechtswirkung. Nach gemeinem Recht erhält der Erwerber auch gegen Singularsuccessoren des Tradenten die exceptio rei venditae et traditae, nach dem Entwurf des bürgerlichen Gesetzbuchs[40]) convalescirt die Eigenthumsübertragung.

Der bedingt Berechtigte kann auch die in seiner Hand befindliche bewegliche Sache mit der Wirkung verpfänden, daß das Pfandrecht mit dem Eintritt der Bedingung, vom Tage der Bestellung datirend, Leben gewinnt. Selbst die Pfändung wird gegenüber dem bedingt Berechtigten mit gleichem Erfolge statthaft sein. Nur sind diese Rechte, ebenso wie das durch Pfändung gegen den Pächter erworbene Pfandrecht an den hängenden Früchten, der Gefahr des Untergangs durch Entziehung der Detention seitens des derzeitigen Eigenthümers ausgesetzt.

Befindet sich der bedingt Berechtigte nicht in der Inhabung der Sache, so fehlt ihm die Möglichkeit, durch den Scheinakt der Tradition das ihm eventuell zufallende Eigenthum zu übertragen; es fragt sich aber, ob nicht derselbe oder wenigstens annähernd derselbe Erfolg durch die Cession der bedingten Vindication erreicht werden könne.

Die römischen Juristen erwähnen die Cession der Vindication nur für einen beschränkten Kreis von Fällen, in welchen die Tradition wegen Mangels der Inhabung unthunlich war, aber ein besonderes Bedürfniß vorlag, denselben Erfolg auf anderem Wege zu erstreben.

Wenn derjenige, welcher einem Anderen Eigenthum an einer Sache zu verschaffen verpflichtet ist, die Tradition nicht vornehmen kann, weil ihm durch ein Ereigniß, für welches er nicht einzustehen braucht, der Besitz entzogen ist, so soll er wenigstens seine Eigenthumsklage cediren[41]).

---

40) § 876[2].
41) Fr. 21 de R. V. 6, 1; fr. 35 § 4 de C. E. 18, 1; fr. 14 pr. de

Ferner soll demjenigen, welcher culpos den Besitz der fremden Sache verloren hat und deshalb dem Eigenthümer die litis aestimatio leistet, dafür die dingliche Klage desselben übertragen werden [42].

Ueber diese beschränkte Zulassung der Uebertragung dinglicher Klagen weit hinausgehend, hat Justinian in der l. 9 C. de her. v. act. vend. 4, 39 anerkannt, daß der Verkauf dinglicher Klagen zulässig sei und dem Erwerber eine actio utilis verschaffe; er hat hinzugefügt, daß nichts vorläge, quod differentiam in huiusmodi utilibus actionibus possit introducere (scil. gegenüber den utiles actiones aus der Cession persönlicher Klagen).

Diesem Ausspruch Justinian's folgend, hat man in der gemeinrechtlichen Doctrin seit alter Zeit gelehrt, daß dingliche Ansprüche ohne Beschränkung cedirt werden können, und aus den Schlußworten des Kaisergesetzes ist die Norm entnommen, daß auf diese Cessionen die Regeln über Cessionen von Forderungen analoge Anwendung zu finden haben. Da nun bedingte Forderungen cedirt werden können, so steht nichts im Wege, daß auch derjenige, welchem mit dem Eintritt einer Bedingung Eigenthum zufällt, seinen eventuellen Eigenthumsanspruch schon jetzt cedirt [43].

Seit alter Zeit ist aber streitig, welche Wirkungen die Cession des Eigenthumsanspruches ausübe.

Nachdem die früher nicht selten vertretene Anschauung, daß durch die Cession dem Cessionar ein dominium utile erworben werde, mit der Beseitigung dieses unklaren Begriffs überwunden ist, scheint darüber im Allgemeinen Einverständniß zu herrschen, daß die Cession Eigenthum zu übertragen nicht im Stande sei, dies vielmehr nur durch Tradition geschehe.

---

fart. 47, 2; fr. 39 de don. int. vir. et ux. 24, 1; dazu § 3 J. de empt. et vend. 3, 23.

42) Fr. 63 de R. V. 6, 1; fr. 25 § 8 loc. 19, 2; fr. 12 de re iudic. 42, 1; vgl. fr. 14 § 9 de servo corrupt. 11, 3.

43) A. M. Zimmermann, Zeitschr. f. C.R. u. Pr., N. F. XV, S. 119, ohne Angabe von Gründen.

Auch diejenigen, welche in der Cession von Forderungen, was das moderne Recht anlangt, nicht bloß eine Ueberlassung der Ausübung, sondern eine Uebertragung des vollen Rechts erblicken, wie sie bei Sachen durch die Tradition vollzogen wird, geben bei der Cession des Eigenthumsanspruchs meist zu, daß dieselbe das Eigenthum selbst nicht übergehen lasse. Einig ist man auch darüber, daß die Cession dem Cessionar die Befugniß verleihe, die Sache von jedem Dritten, mag er auch erst nach der Cession in den Besitz gelangt sein, abzufordern; der aus dem Dissens über die Natur der Cession und die Bedeutung der Denunciation entspringende Zweifel, ob auch der Cedent diesen Anspruch noch geltend machen könne, bzw. ob ihm diese Möglichkeit durch die Denunciation oder durch die Kenntniß des Besitzers von der Cession entzogen wird, kann unerörtert bleiben.

Hier kommt nur die Frage in Betracht, welchen Inhalt der Anspruch des Cessionars hat. Dieselbe ist zumeist in Anknüpfung an den Fall besprochen worden, daß nach der Cession der Cedent in den Besitz der Sache gelangt. Kann in diesem Fall der Cessionar auch vom Cedenten Herausgabe der Sache fordern?

Geht man davon aus, daß die Cession den Uebergang der dem Cedenten aus seinem Eigenthum erwachsenen und erwachsenden Ansprüche bewirke, so muß man zu einer verneinenden Antwort gelangen; denn der Cedent hat eben nur Ansprüche gegen Dritte, nicht gegen sich selbst. Es mag auch Exner [44]) zuzugeben sein, daß die in einem der oben angeführten Fragmente [45]) enthaltene Entscheidung Papinian's: ipso quoque, qui litis aestimationem perceperit, possidente debet adiuvari (sc. der Cessionar), nicht zum Beweise dafür ausreicht, daß dem Cessionar ein dinglicher Anspruch auch gegen den Cedenten zusteht. Denn es ist immerhin möglich, daß der Jurist an eine obligatorische Klage auf Herausgabe der durch

44) Die Lehre vom Rechtserwerb durch Tradition (1867), S. 193, A. 129.
45) Fr. 63 de R. V. 6, 1.

Erlegung der Litisästimation gleichsam gekauften Sache gedacht hat. Darauf aber kommt es gerade an, ob hier ein ding= licher Anspruch gegen den Cedenten gegeben ist. Denn wenn Jemand seinen Eigenthumsanspruch cedirt, sei es, weil er schen= ken oder verkaufen will, sei es, daß er dem Anderen dazu verpflichtet ist, weil dieser ihn für den Verlust der Sache ent= schädigt hat, so unterliegt es keinem Zweifel, daß der Cessionar, wenn der Cedent später in den Besitz der Sache gelangt, von diesem verlangen kann, daß er ihm nunmehr die Sache zu Eigenthum übergebe. Allein diese Verpflichtung des Cedenten entspringt nicht aus der Cession, sondern aus der causa der= selben, dem ihr zu Grunde liegenden Rechtsgeschäft.

Richtet sich der Anspruch gegen den solventen Cedenten, so wird es im Allgemeinen einen erheblichen Unterschied nicht ausmachen, ob der Anspruch sich als ein dinglicher oder obli= gatorischer darstellt. Der von Exner [46]) hervorgehobene Fall, daß der Cedent die Sache, nachdem er sie bona fide als eine fremde gekauft, ebenso weiter veräußert und zu Eigenthum tra= dirt hat, kann eine praktische Wichtigkeit nicht in Anspruch nehmen. Aber die Frage muß schon da von Bedeutung wer= den, wo der Cedent die Sache als die seinige in seinen Be= sitz gebracht und darauf das Eigenthum an einen Dritten durch Tradition oder constitutum possessorium übertragen, oder wo er den derzeitigen Inhaber, ehe der Cessionar sie von diesem abholen konnte, durch brevi manu traditio zum Eigen= thümer gemacht hat. In diesen vielleicht nicht seltenen Fällen müssen diejenigen, welche in der Cession des Eigenthumsan= spruchs lediglich eine Gestattung der Geltendmachung des dem Cedenten zustehenden Eigenthums sehen, den Cessionar allein auf einen Schadensersatzanspruch gegen den Cedenten verweisen, welchen er auch ohne die Cession haben würde. Denn der Cedent ist nun nicht mehr Eigenthümer und hat keinen Eigen= thumsanspruch gegen denjenigen, welcher von ihm Eigenthum erworben hat.

---

46) a. a. O. S. 196, A. 130.

Hat nach dieser Auffassung in einem solchen Fall die
Cession des Eigenthumsanspruchs keinen Werth für den Cessionar, so würde ihr doch noch eine gewisse Bedeutung zuzu-
schreiben sein, wenn sie nur dem Cessionar in dem Fall zum
Eigenthum zu verhelfen vermöchte, daß er die Sache in seine
Hand bringt, ehe der Cedent über sie hat verfügen können.
Allein wenn z. B. Bekker[47]) behauptet, daß der Cessionar das
Eigenthum erwerbe, sobald die von ihm zu vindicirende Sache
in seinen Besitz kommt, und diesem Satz das Citat des fr. 47
de R. V. 6,1 hinzufügt, so ist dies Fragment nur geeignet,
die vorhergehende Angabe zu modificiren, nicht, sie in ihrer
allgemeinen Fassung zu bestätigen. Denn die angeführte
Stelle[48]) läßt allerdings denjenigen, welcher die litis aestimatio
gezahlt hat, das Eigenthum der an einem anderen Ort befindlichen Sache erwerben, sobald er von derselben Besitz ergreift,
aber doch nur cum possessionem nactus sit ex volun-
tate actoris. Ist also inzwischen der Eigenthümer in Konkurs verfallen, oder weigert er sich auch nur, seine Zustimmung
zu dem Eigenthumsübergang zu geben, so bleibt jenem nichts
übrig, als den Cedenten bezw. den Konkursverwalter auf
Uebertragung des Eigenthums zu verklagen. Dies aber würde
ebenso der Fall sein, wenn dem Cessionar lediglich die Sache
verkauft, nicht auch der Eigenthumsanspruch cedirt wäre.

Es hätte hiernach die Cession des Eigenthumsanspruchs
einzig und allein die Wirkung, den Cessionar zur Klaganstellung
zu legitimiren.

Es mag dahin gestellt bleiben, ob sich aus den Aeußerungen
der römischen Juristen ihre Stellungnahme zu dieser Auffassung
erkennen läßt.

Wichtiger ist, besonders in unseren Tagen, die Frage, ob
die Cession des Eigenthumsanspruchs nach dieser Anschauung

---

47) Bekker u. Muther, Jahrb. b. gem. deutsch. Rechts IV, S. 208.
48) Ebenso wie das von Jhering, Jahrb. f. Dogm. I (Nr. 3, S. 101 ff.:
Jhering, Uebertragung der Reivindicatio auf Nichteigenthümer), S. 119
A. 9 angeführte fr. 6 de don. 39,5.

Leist, Sicherung von Forderungen. 3

den Bedürfnissen zu genügen im Stande sei, die sie zu befrie=
bigen bestimmt ist.

Der Entwurf des bürgerlichen Gesetzbuchs läßt im § 223
denjenigen, welcher statt der Sache Schadensersatz für den Ver=
lust der Sache leistet, die Ansprüche erwerben, welche dem
Entschädigten auf Grund des Eigenthums zustehen. Wie die
Motive [49]) ausführen, ist statt der gemeinrechtlichen gesetzlichen
Verpflichtung zur Uebertragung des Eigenthumsanspruchs ein
unmittelbarer Uebergang desselben vi legis im Interesse der
Einfachheit eingeführt, ohne daß also die Rechtsstellung des=
jenigen, welchem auf diese Weise der Eigenthumsanspruch ver=
schafft wird, sich von derjenigen unterschiede, welche dem Ces=
sionar zuzusprechen ist [50]). Auf der anderen Seite hat man
nicht so weit gehen wollen, in dem bezeichneten Fall das
Eigenthum selbst übergehen zu lassen; dies wäre, wie die Mo=
tive sich ausdrücken, bei beweglichen Sachen schon wegen des
Traditionsprincips anomal und überhaupt bedenklich, bei
Grundstücken aber mit den Prinzipien des Grundbuchrechts
unvereinbar.

Ueber die Wirkungen, welche dieser Uebergang des Eigen=
thumsanspruches auf den entschädigenden Nichteigenthümer aus=
übt, schweigen die Motive, vermuthlich aus keinem anderen
Grunde, als weil es als selbstverständlich erscheint, daß die
Grundsätze, welche bei Uebertragungen der Eigenthumsansprüche
durch den Vertragswillen maßgebend sind, hier analoge An=
wendung finden.

Wären nun die eben gewonnenen Principien die richtigen,
so würde die Vorschrift des § 223 den Entschädigenden lebig=
lich zur Geltendmachung der dem Entschädigten zustehenden
Ansprüche so lange legitimiren, als es diesem beliebt, sein
Eigenthum unbelastet zu bewahren. Zweifelhaft kann es schon

---

49) II, S. 25.
50) Vgl. M.E. III, S. 400: Der Ausschluß der Uebertragung des
Eigenthumsanspruches würde nicht harmoniren mit der Vorschrift des § 223,
welche die im Eigenthume sich gründenden Ansprüche auf denjenigen über=
trägt, welcher den Eigenthümer für den Verlust der Sache entschädigt hat.

erscheinen, ob der Entschädigte nach dem Wortlaut des § 223 zur Conservirung der jetzt lediglich dem anderen Theil nützlichen Eigenthumsansprüche durch das Gesetz verpflichtet ist, ob er sich also diesem haftbar macht, wenn er über das ihm zustehende Eigenthum Verfügung trifft, ehe der Entschädiger im Stande gewesen ist, die Sache an sich zu ziehen. Jedenfalls aber ist nach der vorstehend dargestellten Ansicht der Anspruch nur ein obligatorischer, nicht ein dinglicher. Die Veränderungen oder Belastungen, welche das Eigenthum des Entschädigten durch dessen Verfügungen oder durch Zwangsvollstreckungen gegen ihn erfährt, haben dem Entschädigenden gegenüber volle Wirksamkeit; ja schon wenn der Entschädigte in den Besitz der Sache gelangt, steht dem Anderen höchstens eine Klage auf Uebertragung des Eigenthums zu. Sind doch nach der Bestimmung des § 223 lediglich „die Ansprüche, welche dem Entschädigten auf Grund des Eigenthums .... gegen Dritte zustehen", auf ihn übergegangen. Ob der dritte Besitzer sich wenigstens dem Cessionar schadensersatzpflichtig mache, wenn er trotz Kenntniß von der Cession oder trotz ausdrücklicher Denunciation die Sache an den Cedenten herausgiebt, erscheint nicht zweifellos.

Ein Bedürfniß nach der Zulässigkeit der vertragsmäßigen Uebertragung des Eigenthumsanspruches erkennen die Motive zum Entwurf des bürgerlichen Gesetzbuchs [51]) besonders bei der Uebertragung eines ganzen Vermögens oder einer Erbschaft an. Der § 313 des Entwurfs verordnet in diesem Fall, daß, wenn der Wille der Parteien dahin geht, durch den abstracten (dinglichen) Uebertragungsvertrag alle Rechte, zu deren Uebertragung der Abtretungsvertrag genügend ist, auch wenn sie nicht bekannt sind, übergehen. Danach soll es möglich sein, z. B. durch den sich einem Leibzuchtvertrag anschließenden generellen dinglichen Vertrag alle Eigenthumsansprüche, die dem Leibzüchter zustehen, selbst diejenigen, von denen er nichts weiß, auf den Annehmer übergehen zu lassen. Soll hier der

---

51) III, S. 400.

den Hof annehmende Sohn der Gefahr ausgesetzt sein, daß seine Ansprüche zu rein obligatorischen herabgedrückt werden, wenn der Vater den Besitz der Sachen sich verschafft, soll es, damit der Sohn Eigenthum an den von ihm eingezogenen Sachen erwerbe, erforderlich sein, daß dem Vater fortdauernd der animus transferendi dominii beiwohne?

Die Rücksicht auf das praktische Bedürfniß, auf den Zweck, welchen die Parteien auf dem Wege der Cession verfolgen, hat auch solche Schriftsteller davon abgehalten, diese Consequenzen zu ziehen, welche durch die Cession nur den Eigenthumsanspruch, die actiones in rem des Veräußerers, nicht aber das Eigenthum selbst übergehen lassen[52]). Während einige dieser Autoren die Abweichung von der Rechtsconsequenz durch Ausführungen zu verdecken suchen, denen überzeugende Kraft kaum beiwohnen dürfte, hat Dernburg offen zugestanden, daß die Zulassung der Vindication gegen den Cedenten einen Widerspruch gegen den von ihm hingestellten Begriff der Cession enthalte. Er bemerkt aber, daß die Vindication gegen den Cedenten zuzulassen sei, da die hierfür sprechenden Gründe materieller Gerechtigkeit schwerer in das Gewicht fallen müßten als bloß formelle Erwägungen.

Man möchte statt dieser letzten beiden Worte zunächst eher die Worte „doctrinäre Erwägungen" erwarten. Denn was der Richtung der cedirten Vindication gegen den Cedenten entgegentritt, das scheint ja lediglich der allzu enge Begriff der Cession zu sein. Der Begriff aber soll nicht das praktische Bedürfniß hemmen, nicht der materiellen Gerechtigkeit im Wege stehen. Wo der Wille der Parteien war, daß der Cedent sich zu Gunsten des Cessionars der Sache entäußere und es ihm überlasse, die Sache überall, wo er sie finde, also auch von ihm selbst zu vindiciren[53]), da scheint der Einwand, daß die

---

52) Zimmermann, Zeitschr. f. C.R. u. Pr. R. F. XV, S. 109. Schmid, Grundl. d. Cession, S. 329. Bekker, Jahrb. b. gem. deutsch. R. IV, S. 207. Dernburg, Pand.s I, § 225, A. 2, S. 516.

53) Zimmermann, a. a. O.

Cession nur einen Anspruch übertragen könne, den der Cedent selbst habe, ein ungerechtfertigtes Bedenken grauer Theorie zu sein.

Und doch sind es in der That weniger aus dem Cessions- begriff zu schöpfende Bedenken als formelle Erwägungen, welche der Erstreckung der Vindication auch auf den besitzenden Eigenthümer entgegenstehen. Hat doch Bähr [54]) gerade aus dem Wesen der Cession gefolgert, daß sich die cedirte Klage auch gegen den Cedenten richten müsse. Nach ihm [55]) überträgt die Cession wie ein dinglicher Vertrag das Klagrecht, solches als Vermögensobject gedacht, und somit, da der rechtliche Inhalt von Obligationen sich mit dem Klagrecht erschöpft, die Obli- gation selbst. Bei der Cession des Eigenthumsanspruchs da- gegen werde derselbe von dem Eigenthum losgelöst, er stehe nunmehr als selbständige actio utilis dem Cessionar zu. Kraft dieser ihrer Selbständigkeit könne die Klage sich nun auch gegen den Cedenten richten.

Pagenstecher [56]) wirft, von derselben Auffassung aus- gehend, die Frage auf: Warum soll nicht der Eigenthümer seinen Ausfluß aus dem Eigenthum, sein Eigenthumsklagrecht, wie ein dingliches Recht Dritten zu bestellen vermögen? Es sei gestattet, die treffende Antwort Exner's [57]) wiederzu- geben: „Die R. V. ist nicht ein Stück unserer Macht über die Sache, welches man etwa gleich dem Inhalt einer Servitut aus dem grünen Holz des Eigenthums herausschneiden und einem Dritten „wie ein dingliches Recht" einräumen kann, sondern der Eigenthumsanspruch ist das ganze Eigenthum selbst in seiner konkreten Richtung auf den besitzenden Nicht- eigenthümer; nur wenn und solange ein solcher dem Eigen- thümer gegenübersteht, existirt das Eigenthumsrecht in dieser

---

54) Jahrb. f. Dogm. I (Nr. 8, Bähr, zur Cessionslehre, S. 351 ff.), S. 444.

55) a. a. O. S. 371 ff.

56) Die römische Lehre vom Eigenthum III, S. 38.

57) Tradition, S. 193.

subjectiven Zuspitzung, gleichsam in der Form der Kriegsbereitschaft, als vindicatio."

Ist es aber nicht möglich, die selbständige actio utilis als den Ausfluß eines dinglichen Rechts anderer Art als das Eigenthum aufzufassen, so läßt sich das Ziel, dem Cessionar eine von dem Cedenten unabhängige, ihm gegenüber gesicherte Stellung zu verschaffen, nur dadurch erreichen, daß man der Cession des Eigenthumsanspruchs die Wirkung beilegt, das Eigenthum selbst zu übertragen.

In der That hat Bähr [58]) neuerdings offen ausgesprochen, daß ausnahmsweise der Eigenthumsübergang durch bloße Willenseinigung vollzogen werde, wenn die Sache im Besitz eines — bekannten oder unbekannten — Dritten ist, welcher dieselbe an den Erwerber herausgeben und nöthigenfalls durch Klage dazu genöthigt werden soll. In diesem Fall werde die Eigenthumsübertragung bewirkt durch die Anzeige bei dem Dritten und dessen Anerkennung des Erwerbers als nunmehrigen Eigenthümers; eventuell aber durch die in jener Willenseinigung liegende Cession der rei vindicatio.

Daß diese Theorie erheblichen Bedenken unterliegt, wird nicht verkannt werden können. Wenn der dritte Besitzer zur Anerkennung des Erwerbers als Eigenthümers bereit ist, soll das Eigenthum mit der Anerkennung übergehen; ist er dagegen zu dieser Anerkennung nicht geneigt, so soll das Eigenthum durch die in dem dinglichen Vertrag enthaltene cessio vindicationis übertragen werden. Wie nun, wenn die Vertragschließenden nicht wissen, wie sich der — vielleicht unbekannte — Dritte verhalten wird? Hier müßte für den Fall, daß derselbe später den Erwerber freiwillig als Eigenthümer anerkennt, das Eigenthum mit der Anerkennung, für den Fall dagegen, daß er es nicht thut, das Eigenthum sofort mit dem Vertragsabschluß übergehen. Bis zur Entschließung des Dritten bliebe

<hr/>

58) Urtheile des Reichsgerichts mit Besprechungen (I), S. 69. Der Verfasser bemerkt dabei, daß er diesen Gedanken schon in dem citirten Aufsatz der Jahrbücher vertreten habe.

es also offen, wer Eigenthümer ist, und die moderne Juris-
prudenz hätte damit einen neuen Fall des „schwebenden Eigenthums" geschaffen. Giebt der Dritte die Sache dem Erwerber
gutwillig heraus oder erklärt er auf seine Aufforderung, daß
er sie für ihn besitzen wolle, so geht das Eigenthum auf den
Erwerber doch nur dann über, wenn zu dieser Zeit der Veräußerer den Willen, Eigenthum zu übertragen, noch hat und
geltend machen darf. Ist derselbe inzwischen in Konkurs verfallen, so ist der Eigenthumsübergang vereitelt. Man sollte
meinen, daß der Erwerber in dem Fall, daß der Dritte sich
der Herausgabe oder Anerkennung weigert, das Eigenthum
erst dann erlangen könnte, wenn er in Folge des Processes
den Besitz erhalten oder die Anerkennung des Detentors er-
zwungen hätte, und zwar auch hier unter der Voraussetzung,
daß zu dieser Zeit der Traditionswille fortbestehe. Daß sich
statt dessen bereits durch die bloße Uebereinstimmung über
Geben und Nehmen des Eigenthumsanspruches der Eigenthumsübergang vollziehe, soll sich aus der cessio vindicationis erklären. Betrachtet man die actio als die Befugniß, das Recht
durch gerichtliche Verfolgung, nicht aber auch auf anderem
Wege geltend zu machen, so ist unerklärlich, wie die Uebertragung derselben das ganze, durch sie nach außen hin wirkende
Recht auf einen Anderen übergehen lassen könne. Faßt man
dagegen die actio als den aus dem Recht erwachsenden Anspruch im Allgemeinen auf, so ist nicht ersichtlich, warum die
Ermächtigung, die Sache von dem Besitzer abzuholen oder den
Detentor für sich in Pflicht zu nehmen, dann weniger Wirkung
ausüben soll, wenn man Willfährigkeit des Besitzers erwartet,
als wenn man sich von demselben Widerstandes versieht.

Die Bähr'sche Theorie leidet also an dem Mangel, daß sie
zu Widersprüchen gegen das Traditionsprinzip führt.

Angesichts der Schwierigkeiten, welche sonach einer dem
praktischen Bedürfniß entsprechenden Ausgestaltung der cessio
vindicationis mit den Mitteln der Wissenschaft entgegenstehen,
wird man bei der Neuordnung des Privatrechts einer gesetzlichen Regelung zu begegnen erwarten.

Allein der Entwurf des bürgerlichen Gesetzbuchs enthält keine Bestimmung über die Uebertragung des Eigenthumsanspruchs. Die Motive [59]) bemerken, es sei anzunehmen, daß die allgemeinen Vorschriften des Obligationenrechts über die Abtretung von Forderungsrechten auch auf die Abtretung des Herausgabeanspruches Anwendung zu finden haben, soweit sich nicht aus der dinglichen Natur dieses Anspruchs ein Hinderniß ergiebt. Der Standpunkt der Theorie, welche nur die Ansprüche übergehen läßt, welche dem Cedenten zustehen, scheint zunächst durchaus festgehalten zu sein; die Motive heben hervor, daß der Anspruch sich nicht gegen den Eigenthümer richten könne, da, wenn dieser die Sache habe, der dem Recht entsprechende Zustand hergestellt sei. Eine eigenthümliche Wendung erhält aber die Stellung der Motive durch folgende Sätze:

„Der Entwurf beruht auf der Anschauung, daß zwar Abtretung der Vindication und Uebertragung des Eigenthums wohl zu unterscheiden, aber doch eine dingliche Bindung des Abtretenden anzunehmen sei. Es wird nicht bestritten werden können, daß die Abtretung der Vindication in vielen Fällen einem praktischen Bedürfnisse dient, da ohne sie der nicht besitzende Eigenthümer außer Stande sein würde, einem Anderen ein unverbringliches und unwiderrufliches Recht auf Erlangung der Sache gegenüber allen dritten Inhabern zu verschaffen . . . . Auch für den Fall des Konkurses des Eigenthümers werden sich aus der dinglichen Bindung desselben durch die Abtretung unlösbare Schwierigkeiten nicht ergeben. Hatte die Abtretung den Zweck, die Tradition zu vermitteln und dem anderen Theile das Eigenthum der beweglichen Sache zu verschaffen, so wird die Erreichung dieses Zweckes durch den Dazwischentritt des Konkurses vereitelt, und kann die Sache aus den Händen des Cessionars zur Masse eingefordert werden."

Die Theorie von der dinglichen Gebundenheit ist bekanntlich erst in neuerer Zeit [60]) in der Lehre von den be-

59) III, S. 399, vgl. 398 a. E.
60) Vgl. die Literatur bei Windscheid, Pand.⁶ I, § 89, A. 4 u. 13 ª.

dingten dinglichen Verträgen erwachsen; sie soll dort die Thatsache rechtfertigen, daß alle die rechtliche Lage der Sache beeinflussenden Verfügungen des bedingt Verpflichteten ebenso wie die in der Zwangsvollstreckung gegen ihn bewirkten Belastungen durch den Eintritt der Bedingung ausgetilgt werden. Wie früher hervorgehoben ist, äußert diese dingliche Gebundenheit auch nach dem Entwurf ihre Wirkungen unverändert auch im Konkurs des bedingt Verpflichteten.

Die dingliche Bindung des Cedenten der Vindication [61]) scheint nach den Mittheilungen der Motive über die dem Entwurf zu Grunde liegende Anschauung anderer Natur zu sein.

Eine praktische Bedeutung dürfte den Ausführungen der Motive über diesen Punkt nicht beizumessen sein, da den Motiven die Fähigkeit, Rechtssätze zu erzeugen, abgeht.

In dem Recht des Entwurfs wird deshalb ebenso wie bei der gegenwärtigen Rechtslage daran festzuhalten sein, daß die Cession des Eigenthumsanspruchs ein gegenüber dem Cedenten und dessen Rechtsnachfolgern und Gläubigern gesichertes Recht nicht zu verleihen vermag, so sehr dies auch den Absichten der Contrahenten und einem gerechtfertigten Bedürfniß entsprechen würde.

Daraus ergiebt sich, daß eine wirkliche Entäußerung des dem bedingt Berechtigten zustehenden Anspruchs auf dem Wege der Cession desselben nicht erreicht wird.

---

[61]) Ein merkwürdiges Seitenstück bieten die Motive zum Entwurf (III, S. 368) in der Theorie über den Fruchterwerb des obligatorisch Berechtigten. Die Uebergabe des Grundstücks an den Pächter soll als Offerte eines Vertrages aufzufassen sein, inhaltlich dessen dem Pächter unter der Bedingung, daß zur Zeit der Separation der Früchte des Grundstücks sich dasselbe noch in seiner Inhabung befinde, die Früchte tradirt werden. Diese Offerte soll wie andere Offerten unwiderruflich sein und den Verpächter „sachlich binden".

§ 7.

Fortſetzung. „Anrechte".

Mit der Frage, welche Natur die durch die bedingte Tradition erzeugte, im Vorſtehenden in zwei wichtigen Richtungen
geprüfte „Gebundenheit" der Sache hat, berühren wir ein Gebiet, welches in neuerer Zeit Gegenſtand mehrerer intereſſanter
Unterſuchungen geworden iſt. Es hieße den Rahmen dieſer
Abhandlung ſprengen, wollten wir auf die Frage eingehen, ob
es ſubjectloſe und lediglich mit paſſiven Wirkungen ausgeſtattete
Rechte giebt, und weiter, ob im Kreiſe ſolcher Rechte auch die
durch die bedingte Tradition erzeugte dingliche Gebundenheit
ihren Platz findet [62]). Zudem iſt bereits von Puntſchart zutreffend hervorgehoben, daß die Theorie des „objectivrechtlichen
Rechtsverhältniſſes", des „objectiven Rechtsbeſtandes" [63]) durch
die Unterſuchung der einzelnen in Betracht kommenden „Rechts-
phänomene" vorbereitet werden muß.

Was aber die hier allein zu erörternde Gebundenheit bei
der bedingten Tradition von Mobilien anlangt, ſo darf dieſelbe
unbedenklich als ein dingliches Recht beſonderer Art bezeichnet
werden.

Wenn Jemand, der eine Sache unter einer Reſolutivbe-
dingung veräußert oder unter einer Suspenſivbedingung zu
Eigenthum erworben hatte, vor dem Eintritt der Bedingung
in Konkurs verfällt, ſo gelangt bei ſpäterem Eintritt der Bedingung die Sache in die Konkursmaſſe. Nun umfaßt aber
die Konkursmaſſe nur das zur Zeit der Eröffnung des Kon-
kursverfahrens vorhandene Vermögen des Gemeinſchuldners,
d. h. die Geſammtheit der ihm zu dieſer Zeit zuſtehenden

---

62) Vgl. insbeſondere Jhering, Über paſſive Wirkungen der Rechte in
den Jahrb. f. Dogm. I, S. 387 ff.; Bekker, Pand. I, S. 50 ff.; Karlowa,
Rechtsgeſchäft, S. 108 f.; Puntſchart, die fundamentalen Rechtsverhältniſſe
des röm. Privatrechts (1885); Siméon, das Weſen des befriſteten Rechts-
geſchäfts (1889), beſ. S. 77 ff.

63) So Bekker a. a. O.

Vermögensrechte. Wie kommt es, daß das Eigenthum an der Sache in das Konkursverfahren mit hineingezogen wird, obwohl bei der Eröffnung desselben das Eigenthum dem Gemeinschuldner nicht zustand?

Die Erklärung ist darin zu finden, daß der Gemeinschuldner bei der Konkurseröffnung bereits ein dingliches Recht an der fremden Sache besaß, dem die Kraft beiwohnt, den bei Eintritt der Bedingung sich ipso iure vollziehenden Eigenthumsübergang vorzubereiten und zu sichern. Dieses dingliche Recht an fremder Sache entbehrt nicht, wie Siméon ausführt, um den Begriff seines „Interessenschutzrechtes" als eines subjectlosen Rechtes zu retten, eines Subjectes; es erzeugt auch nicht lediglich passive Wirkungen; es ist vererblich und, wie wir sahen, in gewissen Grenzen rechtlich geschützt und unter Umständen veräußerlich.

Es sei uns gestattet, zur Erleichterung der folgenden Darstellung dieses durch die bedingte Eigenthumsübertragung geschaffene dingliche Recht an fremder Sache als „Anrecht" zu bezeichnen.

Siméon hat bereits sein dingliches Interessenschutzrecht einen nahen Verwandten des Pfandrechts genannt. Hinsichtlich unseres „Anrechts" ist dem durchaus beizustimmen.

Indem wir zu den Eigenthumsübertragungen übergehen, welche von der Bedingung abhängig gemacht sind, daß der Tradent mit der Tilgung einer Schuld in Verzug gerathe, dürfen wir hoffen, der Ermittelung jenes Verwandtschaftsverhältnisses näher zu kommen.

§ 8.
Die Zwecke der bedingten Eigenthumsübertragung.
2. Sicherung einer Geldschuld.

Den bedingten Eigenthumsübertragungen an Mobilien zur Sicherung eines bedingten Anspruchs auf Empfang derselben stehen bedingte Uebereignungen gegenüber, bei denen

Gegenstand der Eigenthumsübertragung nicht mit dem Object des zu sichernden Anspruchs identisch ist. Dieser Anspruch richtet sich auf Zahlung von Geld, vielleicht auch einmal auf Lieferung von Fungibilien oder einer bestimmten Sache; zu Eigenthum aber wird eine Sache bzw. eine andere Sache übertragen. Der zu sichernde Anspruch ist nicht bedingt, die Eigenthumsübertragung dagegen wird von der Bedingung abhängig gemacht, daß der Anspruch nicht erfüllt werde.

Die bedingte Uebereignung von Mobilien zur Sicherung von Geldforderungen — andere Objecte der Forderungen dürfen wir füglich außer Acht lassen — haben wir schon in der Einleitung [64]) in einzelnen Beispielen kennen gelernt. Ein erhöhtes Interesse verdient sie aber deshalb, weil eine Unterart derselben der vielgebrauchte und vielbesprochene „Vorbehalt des Eigenthums" an Mobilien bildet.

Da diese Behauptung der gewöhnlichen Auffassung des pactum reservati dominii nicht entspricht, werden einige Worte über das Wesen dieser Nebenbestimmung der Kaufverträge vorauszuschicken sein.

Nennt man den Vorbehalt des Eigenthums eine Nebenbestimmung des Kaufgeschäfts, so kann man damit eine vertragsmäßige Bestimmung meinen, die sich neben einem Kaufvertrage findet, oder eine Bestimmung, welche einen nebensächlichen Theil des Kaufvertrags bildet.

Die letztere Auffassung ist die herrschende. Während man aber früher überwiegend der Ansicht war, daß der Vorbehalt des Eigenthums den Kaufvertrag ebenso wie die Eigenthumsübertragung in der Weise bedinge, daß der Verkäufer das Recht erhalte, den Kaufvertrag und die Eigenthumsübertragung als ungeschehen zu behandeln, wenn der Käufer nicht rechtzeitig zahle [65]), wird jetzt meist mit Recht geleugnet,

64) Vergl. S. 1 ff.
65) Die Behauptung von Thorsch, das pactum reservati dominii (1875), S. 11 ff., daß der Vorbehalt des Eigenthums im Gegensatz zur lex commissoria nicht ein bedingtes Rücktrittsrecht (ein Neurecht im Sinne der Theorie Wendt's) erzeuge, sondern die Eigenthumsübertragung „direct" be-

daß durch den Vorbehalt des Eigenthums dem Kaufvertrag eine Bedingung hinzugefügt werde. Freilich muß dabei zuge= geben werden, daß die Contrahenten mit der Bezeichnung „Vorbehalt des Eigenthums" zuweilen die Absicht verbinden: pretio non soluto res inempta sit.

Welche praktische Bedeutung der Satz hat, daß der Vor= behalt des Eigenthums einem unbedingten Kaufvertrag hinzu= tritt, vermag ein Fall aus der Praxis des Reichsgerichts⁶⁶) gut zu vergegenwärtigen:

„Der Kläger Sp. verkaufte am 14. December 1875 dem Ph. F. ein Haus für 3150 M. Die eine Hälfte des Kauf= preises, 1575 M., wurde sogleich bezahlt, die andere Hälfte sollte bis zum 1. Mai 1876 bezahlt und bis zur Zahlung mit 5% verzinst werden. Nach der Behauptung des Klägers ist beim Abschlusse des Kaufvertrages ihm das Eigenthum an dem verkauften Hause bis zur gänzlichen Tilgung des Kauf= preises vorbehalten worden. Das Haus ist dem Käufer über= geben. Nachdem derselbe 1879 verstorben, seine Erbschaft von seinen Kindern und Erben ausgeschlagen und ein Kurator für den ruhenden Nachlaß bestellt worden, verlangte der Kläger, weil der Nachlaß völlig verschuldet sei, die Herausgabe des Hauses und erhob, als dieselbe verweigert wurde, Klage mit dem Antrage: unter Anerkennung des klägerischen Eigenthumes an dem fraglichen Grundstücke den Beklagten zu verurtheilen, dieses Grundstück dem Kläger herauszugeben und allen durch die seit dem 24. Juni 1881 verzögerte Herausgabe entstan= denen Schaden zu ersetzen, falls Beklagter nicht vorziehen sollte, an den Kläger 1575 M. nebst 5% Zinsen seit dem 1. Mai 1876 zu bezahlen. Der Kläger behauptete dabei, daß der jetzige Werth des Hauses nur noch 1190 M. betrage. Der

---

dinge, gründet sich lediglich auf das Bestreben, in diesem Punkte einen Unterschied zwischen dem Vorbehalt und der lex commissoria zu ermitteln. — Bei dieser Gelegenheit sei bemerkt, daß Wendt's Scheidung zwischen Neurecht und Bedingung in dieser Abhandlung nicht beachtet ist, weil sie für unsere Fragen keine praktische Bedeutung zu haben schien.

66) E.R.G. VII, S. 147 ff. = S. A. XXXVIII, Nr. 213.

Beklagte bestritt diese letztere Angabe, behauptete vielmehr, das Haus habe auch jetzt noch einen Werth von 3150 M., bestritt den Eigenthumsvorbehalt und machte eventuell geltend, daß der Kläger nur gegen Rückzahlung der bereits gezahlten 1575 M. die Herausgabe des Hauses verlangen könne, und beantragte widerklagend, ihn zur Rückzahlung dieses Theils des Kaufpreises zu verurtheilen."

Das Reichsgericht ist den Vorderrichtern beigetreten, welche, die Leistung eines Eides über den Vorbehalt seitens des Klägers vorausgesetzt, der Klage stattgaben und die Widerklage abwiesen. In den Gründen wird gesagt: der Abschluß des Kaufvertrages selbst erfolge unbedingt, die aus ihm sich ergebenden gegenseitigen Rechte und Verbindlichkeiten entständen unbeschränkt, und es könne die Existenz des Kaufvertrages selbst durch den Eintritt der Bedingung für die Geltendmachung des aus dem Nebenvertrag des vorbehaltenen Eigenthums entspringenden Rechtes auf Rückgabe der Sache nicht berührt werden. Das Gericht folgert daraus, daß, wenn die Bedingung, von welcher der Uebergang des Eigenthums suspensiv oder resolutiv abhängig gemacht ist, zu Gunsten des Verkäufers sich entschieden hat, demselben neben der Befugniß, das Kaufobject zu vindiciren, die persönliche Klage auf den ganzen Betrag des Kaufpreises unverändert zustehe. Es wird hinzugefügt, daß dem Käufer allerdings, wenn der Werth der verkauften Sache zur Zeit der Herausgabe den noch rückständigen Theil des Kaufpreises übersteige, ein Anspruch gegen den Verkäufer auf Erstattung der Bereicherung gegeben sein könne; dieser Anspruch sei aber in dem vorliegenden Prozeß nicht geltend gemacht und begründet, sondern die Zurückzahlung des bereits gezahlten Theiles des Kaufpreises verlangt.

Es wird sich bald Gelegenheit finden, auf diese Entscheidung, welche Windscheid[67]) eine „höchst eigenthümliche" genannt hat, zurückzukommen.

Hier mag zunächst nur festgestellt werden, daß das Er-

---

67) Pand.⁵, § 176, A. 18ᵃ a. E.

fenntniß unbeeinflußt geblieben ist von Bedenken, welche in neuerer Zeit auf der Grundlage des Satzes, daß der Vorbehalt
des Eigenthums nicht den Kauf zu einem bedingten gestalte,
auch gegen die übliche Auffassung des Vorbehalts als einer
bedingten Eigenthumsübertragung geltend gemacht sind.

Thorsch[68]) hat im Anschluß an einen bereits von Müller[69])
ausgesprochenen Gedanken Folgendes ausgeführt: Der Verkäufer muß, um vom Käufer Zahlung verlangen zu können,
seinerseits leisten; die Leistung besteht in der Uebertragung seiner
Rechte an der Sache, also, wenn der Verkäufer Eigenthümer
ist, in der Uebertragung des Eigenthums. Vorher schuldet der
Käufer den Preis nicht, derselbe kann ihm also auch nicht creditirt werden. Weil der Verkäufer, der sich das Eigenthum
vorbehält, das Eigenthum nicht unbeschränkt und definitiv überträgt, entsteht kein Creditkauf, die Parteien können damit lediglich beabsichtigen, daß beiderseits erst in einem späteren Augenblick erfüllt werde. Liegt aber kein Credit- oder Baarverkauf
vor, so geht im gemeinen Recht schon nach gesetzlicher Regel
kein Eigenthum über, und wenn die Contrahenten von einem
Vorbehalt des Eigenthums sprechen, so hat das nur die Bedeutung einer Protestation dagegen, daß der Kauf als ein
Creditkauf und die Uebergabe nicht als Uebergabe zu einstwei-
liger miethweiser, leihweiser oder precaristischer Benutzung, sondern als Eigenthumstradition angesehen werde[70]).

Thorsch kommt daher zu dem Ergebniß, daß der Vorbehalt des Eigenthums mit einem Creditkauf unvereinbar sei und
logisch nichts anderes bedeuten könne als eine Bestätigung der
gesetzlichen Suspension des Eigenthumsüberganges.

Man mag dagegen bei anderer Auffassung des synallag-
matischen Vertrages einwenden, daß allerdings der Kaufpreis
auch ohne Gegenleistung geschuldet und also creditirt werden

---

68) a. a. O. (vgl. Anm. 65).
69) Ueber das pactum res. dom., im Arch. f. civ. Prax. XII (1829),
Nr. XIII, S. 247 ff.; vgl. dess. civ. Abhandl. I (1838).
70) Vgl. fr. 20 § 2, 21 loc. 19,2; fr. 16 de per. et comm. 18,6;
fr. 20 de prec. 43,26.

— 48 —

könne; aber selbst bei dieser Auffassung sind die Bedenken in dem Fall nicht von der Hand zu weisen, daß der Verkäufer, welcher sich bis zur Zahlung der letzten Rate des Kaufpreises das Eigenthum vorbehalten hat, anf die erste Rate klagt und der Käufer sich der exeptio non adimpleti contractus bedient.

Dennoch wird die herkömmliche Anschauung, daß der Vorbehalt einem Creditkaufe hinzutrete und etwas anderes sei als die gesetzliche Suspension des Eigenthumsüberganges, aufrecht erhalten werden können, wenn man nur den Versuch aufgiebt, „den Inhalt des Vorbehaltes aus den feststehenden Grundsätzen über den Kauf" zu ermitteln, den Vorbehalt als eine integrirende Bestimmung des Kaufgeschäfts zu betrachten. Der Vorbehalt des Eigenthums bildet einen Nebenvertrag neben dem Kaufvertrag.

Wir lernten Geschäfte kennen, welche zur Sicherung einer Forderung Eigenthum unter der Bedingung übertragen, daß die Forderung nicht getilgt werde. Diese Forderung kann auch eine Kaufpreisforderung sein, die dadurch gesichert wird, daß ein anderer Gegenstand als das Kaufobject übereignet wird. Es ist aber auch denkbar, daß sich der Käufer die gekaufte Sache unbedingt zu Eigenthum tradiren läßt und sie sofort dem Verkäufer für den Fall, daß der Preis nicht gezahlt werde, zurücktradirt[71].

Diese beiden Uebertragungsakte erspart der „Vorbehalt" des Eigenthums, die beiden Uebertragungen enthält er.

Können wir demnach den Vorbehalt des Eigenthums, weil auch er eine Uebertragung des Eigenthums zur Sicherung einer Forderung in sich schließt, gemeinsam mit den anderen Geschäften dieser Art untersuchen, so müssen wir uns zunächst den eigenthümlichen Gegensatz vergegenwärtigen, welcher hinsichtlich der Bezeichnung der Bedingungen obwaltet. Ein resolutiv bedingter Vorbehalt läßt mit Eintritt der Bedingung das Eigenthum an den Verkäufer, als den Gläubiger des Kaufpreises,

---

71) Vgl. Leonhardt, z. Lehre von den Rechtsverhältnissen am Grundeigenthum, Nr. IV. Ueber das pactum reserv. dom. (1843), S. 232.

zurückkehren, bei einer sonstigen resolutiven Uebereignung zur
Sicherung einer Forderung steht das Heimfallrecht dem Schuldner
zu. Der Sprachgebrauch richtet sich bei dem Vorbehalt des
Eigenthums nicht nach dem Sicherungs- sondern dem Kaufgeschäft. Wir werden also die suspensive Uebereignung zusammen mit dem resolutiven Vorbehalt, die resolutiv bedingte
Uebereignung zusammen mit dem suspensiv bedingenden Vorbehalt zu betrachten haben.

§ 9.
Fortsetzung. Rechtswirkungen vor Eintritt der Bedingung.

Wie der Vorbehalt des Eigenthums sowohl in dem Sinn
vorkommt, daß bis zum Eintritt der Bedingung der Käufer
Eigenthümer ist, als in dem Sinn, daß einstweilen das Eigenthum dem Verkäufer zusteht, so erscheint auch bei anderen Uebere-
eignungen zur Sicherung von Forderungen hier die Suspensivbedingung, dort die Resolutivbedingung. In dem einen Fall
wird vereinbart, daß die Eigenthumsübertragung erst dann
wirken soll, wenn der Schuldner seinen Verpflichtungen nicht
nachkommt; in dem andern Fall wird bestimmt, daß die vorgenommene Eigenthumstradition dann, wenn der Schuldner
zahlt, als nicht geschehen gelten soll. Zuweilen bemerken die
Contrahenten ausdrücklich, daß der Gläubiger befugt sei, eintretenden Falls das Eigenthum an der Sache geltend zu machen.
Ob ihm, wie bei dem Vorbehalt des Eigenthums, stets die
Wahl zwischen dem Eigenthumsanspruch und dem Anspruch
aus der Forderung offen steht, mag einstweilen dahingestellt
bleiben.

Während des Schwebens der Bedingung scheint nun ganz
dasselbe Verhältniß zu bestehen, wie bei den früher besprochenen
Eigenthumübertragungen an beweglichen Sachen zum Schutz
bedingter Ansprüche auf diese Sachen. Freilich schließt sich jetzt
die Uebereignung nicht einem unabhängig von ihr bestehenden,
durch sie zu sichernden Anspruch auf die übereignete Sache an,

Leist, Sicherung von Forderungen.　　4

aber entsteht nicht eben mit der Uebereignung ein Anspruch auf die bedingt tradirte Sache? Ueberträgt der Schuldner seinem Gläubiger für den Fall der Nichtzahlung suspensiv bedingt das Eigenthum, oder behält es sich der Verkäufer resolutiv bedingt vor, so gewinnt — so scheint es — der Gläubiger (Verkäufer) nicht weniger und nicht mehr als ein „Anrecht" auf die Sache; ist dagegen die Eigenthumsübertragung resolutiv, der Vorbehalt suspensiv bedingt, so steht dem Gläubiger (Verkäufer) sofort das Eigenthum, dem Schuldner (Käufer) dagegen ein „Anrecht" zu. Was die Wirkungen der auf die Sache bezüglichen dinglichen Verträge, die dingliche Gebundenheit der Sache, was die Uebertragbarkeit der bedingten Ansprüche betrifft, so treten hier dieselben Grundsätze in Kraft, welche wir oben zu entwickeln versucht haben.

Allein der Umstand, daß die bedingte Eigenthumsübertragung hier lediglich zum Schutz einer Forderung vorgenommen ist, übt schon dann seine Wirkungen aus, wenn es sich um den Erlaß einer einstweiligen Verfügung handelt. Bittet der Gläubiger auf Grund der aufschiebend bedingten Uebereignung in der Zwischenzeit um richterliche Hülfe, weil der bedingt Verpflichtete die Sache deteriorirt, so wird der Richter dem Gesuche nur stattgeben, wenn der Werth der Sache durch die Handlungen des derzeitigen Eigenthümers derart vermindert wird, daß die Sache dem Gläubiger nicht mehr eine vollständige Befriedigung seiner Forderung zu gewähren verspricht. Es kommt vor, daß zum Schutz einer Forderung das Mobiliar eines Hauses, die Waarenbestände eines Geschäfts suspensiv bedingt zu Eigenthum übertragen werden, Gegenstände, deren Gesammtwerth den Betrag der Forderung um mehr als das Doppelte übersteigt. Schwerlich wird der Richter in einem solchen Fall ein Veräußerungsverbot oder gar eine Sequestration für angezeigt halten, wenn die Veräußerung einzelner Stücke droht, auch dann nicht, wenn vorauszusehen ist, daß durch die Veräußerung an einen gutgläubigen Erwerber das Anrecht des Gläubigers erlöschen wird. Daß der Richter darauf Rücksicht zu nehmen hat, ob bei den Vermögensverhältnissen des Schuldners das

Ausbleiben der Zahlung zu erwarten ist, versteht sich von selbst.

Umgekehrt kann die einstweilige Verfügung dem bedingt berechtigten Schuldner (bei resolutiv bedingter Tradition, suspensivem Vorbehalt) in gesteigertem Maße zu Gute kommen. Denn wenn nicht etwa verabredet ist, daß der Genuß der Sache in der Zwischenzeit gegen Kapital oder Zinsen aufgerechnet werde, hat die Innhabung der Sache für den Gläubiger keinen erheblichen Werth. Eine Sequestration verletzt seine Interessen kaum. Macht der Gläubiger Anstalten, gestützt auf das ihm derzeit zustehende Eigenthum, die Sache zu veräußern, so wird der Richter kein Bedenken tragen, die überwiegenden Interessen des Schuldners durch den Erlaß eines Veräußerungsverbots zu schützen.

Man könnte meinen, daß ein solcher Einfluß des Zweckes, um dessentwillen die Eigenthumsübertragung vorgenommen ist, nur da möglich wäre, wo, wie bei der einstweiligen Verfügung, dem Richter eine freie causae cognitio eingeräumt ist. Allein die Bestimmung der Eigenthumsübertragung zur Sicherung einer Forderung äußert doch auch in anderen Fällen ihre Wirkungen. Befindet sich bei der resolutiv bedingten Uebereignung (dem suspensiven Vorbehalt) der Schuldner (Käufer) im Besitz der Sache, so kann der Gläubiger (Verkäufer) sie von ihm vindiciren, sofern nicht der Besitzer einen obligatorischen Anspruch auf Belassung in der Detention erworben hat. Der Schuldner wird aber die Herausgabe stets durch Tilgung seiner Schuld (Zahlung des Kaufpreises) abwenden können. Zur Erklärung dieser Thatsache genügt schon der Hinweis auf das zwischen den Parteien bestehende obligatorische Verhältniß. Dieser Grund aber reicht nicht zu, wenn der im Besitz der Sache befindliche, bedingt berechtigte Schuldner die Sache an einen Dritten veräußert hatte. Klagt während des Schwebens der Bedingung der Gläubiger auf Grund seines Eigenthums gegen den Dritten auf Herausgabe, so kann sich der letztere auf eine Verpflichtung des Gläubigers, ihm das Eigenthum gegen Zahlung einer gewissen Summe zu überlassen, nicht berufen, falls ihm nicht der

Schuldner seine Ansprüche aus dem obligatorischen Verhältniß zum Gläubiger cedirt hat. Und doch kann unzweifelhaft der Dritte durch Zahlung der dem Gläubiger geschuldeten Summe die Vindication desselben abwehren, weil das Eigenthum des Gläubigers erlischt, sobald seine Forderung, gleichgültig von wem, getilgt ist. Ebenso ist der Schuldner und jeder dritte Erwerber der Sache bei der suspensiv bedingten Uebereignung (resolutivem Vorbehalt) stets in der Lage, durch Zahlung der geschuldeten Summe die Sache von der dinglichen Gebunden-heit zu befreien, in welche die bedingte Tradition sie versetzt hat. Kurz, das Eigenthum oder das „Anrecht" des Gläubigers (Verkäufers) ist ein Accessorium des Schuldverhältnisses.

§ 10.
Fortsetzung. Der Eintritt der Bedingung und seine Folgen.

Daß das Ausbleiben der Zahlung von Seiten des Schuld-ners (Käufers) die Bedingung darstellt, unter welcher das Eigen-thum an den Gläubiger (an den Verkäufer zurück-)fällt oder sich beim Gläubiger (Verkäufer) consolidirt, steht fest. Hinsicht-lich des Eigenthumsvorbehalts ist aber behauptet worden — und betreffs anderer bedingter Eigenthumsübertragungen zur Sicherung von Forderungen könnte dasselbe behauptet werden — es müsse hinzukommen, daß der Schuldner (Käufer) in Konkurs verfallen sei. Man hat den Vorbehalt des Eigenthums als denjenigen Nebenvertrag bezeichnet, „durch welchen der Ver-äußerer die Dauer der Wirksamkeit seiner Uebertragung von dem Eintreten der Gegenleistung in der Art abhängig macht, daß mit dem Eintreten der Insolvenz und der damit unmög-lich gewordenen Gegenleistung von Seiten des Empfängers die Tradition im Zweifel (d. h. wenn nicht bloß eine obligatorische Verpflichtung des Käufers beabsichtigt ist) als nicht geschehen betrachtet werden soll"[72]).

Nun ist nicht zu verkennen, daß der Vorbehalt des Eigen-

---

72) Müller, Arch. f. civ. Pr. VI, S. 260.

thums und ebenso eine andere Sicherungsübereignung meist im Konkurs zur Begründung eines Aussonderungsanspruches geltend gemacht wird; auch ist zuzugeben, daß der Gläubiger, indem er mit dem Schuldner einen Vertrag dieser Art abschließt, häufig einzig und allein sich für den Fall Sicherung zu beschaffen beabsichtigt, daß der Schuldner zahlungsunfähig wird. In manchen Fällen, in denen es sich um die Ausübung des Eigenthumsvorbehalts im Konkurs handelte, haben verschiedene höchste Gerichte Aeußerungen gethan, welche auf die Anschauung schließen lassen könnten, daß die Ausübung eben nur im Konkurse zulässig sei. So bemerkt vor allem das Reichsgericht in dem oben[73]) angeführten Fall, daß, solange der Käufer zahlungsfähig sei, der Eigenthumsvorbehalt — wenn er nicht nach den Vertragsstipulationen im einzelnen Fall eine andere Bedeutung, insbesondere die der lex commissoria habe — „nicht in Wirksamkeit trete"; dem Verkäufer stehe die actio venditi zu, wenn der Käufer seinen Verbindlichkeiten nicht nachkomme. Diese sichere ihn vollkommen, da sie zur Zwangsvollstreckung und damit zur Befriedigung führe. Indessen scheinen diese Ausführungen doch mehr darauf hinweisen zu sollen, daß der Vorbehalt des Eigenthums außerhalb des Konkurses keinem dringenden Bedürfniß entspreche, als die Ausübung desselben außerhalb des Konkurses schlechthin versagen zu sollen. Verhält es sich doch bei dem Pfandrecht nicht anders; auch dieses ist meist auf den Konkurs berechnet und wird meist bei eingetretener Zahlungsunfähigkeit ausgeübt; und doch wirkt es nicht bloß bei Zahlungsunfähigkeit. In den zahlreichen Fällen, in welchen außerhalb des Konkurses das pactum reservati dominii gerichtlich geltend gemacht wird, wird nur äußerst selten die Klage deshalb abgewiesen werden, weil der Vorbehalt nur im Konkurse geltend gemacht werden könnte. Das Reichsgericht selbst[74]) hat in einem Fall Bedenken gegen die Zulässig-

---

73) S. 45.

74) E.R.G. IX, S. 169 ff. — Vgl. S. A. XXV, 243 (Oldenburg), S. 372: „Zu eigentlich praktischer Bedeutung gelangt der Eigenthumsvorbehalt erst im Falle eines gegen den Käufer erkannten Konkurses.

keit der Vindication nicht erhoben, in welchem nach dem mitgetheilten Thatbestand der Käufer sich nicht in Konkurs befand.

Hält man es hiernach für unzulässig, den Wendepunkt,
welcher durch die Sicherungsübereignung festgesetzt werden soll,
bis zur Zahlungsunfähigkeit oder Konkurseröffnung hinauszu-
rücken, so wird man geneigt sein, zum andern Extrem über-
zugehen und die Erledigung des durch die bedingte Eigenthumsübertragung herbeigeführten Schwebezustands immer
schon in dem Zeitpunkt zu suchen, wo der Gläubiger dem in
Zahlungsverzug gerathenen Schuldner anzeigt, daß er das
Eigenthum in Anspruch nehme.

Nach dieser Ansicht geht, sofern der Gläubiger will, nach
erfolgloser Mahnung oder nach Ablauf des Zahlungstermins
im Fall der suspensiv bedingten Sicherungsübereignung das
Eigenthum auf den Gläubiger über, und ebenso erlangt bei
dem resolutiven Vorbehalt in diesem Moment der Verkäufer
das Eigenthum. Bei der resolutiven Uebereignung oder dem
suspensiven Vorbehalt wird zwar der Gläubiger nicht erst mit
jenem Augenblick Eigenthümer, aber mit jenem Zeitpunkt geht
das „Anrecht“ des Schuldners (Käufers) unter.

Am einfachsten würde das Verhältniß sein, wenn mit dem
Uebergang des Eigenthums auf den Gläubiger oder dem Erlöschen des Anrechts, welches bis dahin dem Schuldner zustand,
alle Beziehungen zwischen beiden Theilen aufhörten. In der
That ist dies der Fall, wenn bei dem Vorbehalt des Eigenthums vereinbart ist, daß der Verkäufer, falls er von dem
Käufer nicht rechtzeitig den Kaufpreis erhalten könne, das Kaufobject wieder an sich nehmen und sich dadurch befriedigen solle,
oder wenn bei der Sicherungsübereignung bestimmt ist, daß
der Gläubiger die Sache eventuell in Zahlung erhalte.

Aber weder bei dem Vorbehalt des Eigenthums noch bei
anderen Sicherungsübereignungen richtet sich der Wille der
Contrahenten stets auf eine so einfache Lösung.

Andernfalls wird der Verkäufer nicht leicht ein Interesse haben, ihn geltend
zu machen . . . .“

Es ist bereits oben ausgeführt, daß durch den Vorbehalt des Eigenthums der Kaufvertrag nicht zu einem bedingten gemacht wird. Auch nachdem das Eigenthum zum Verkäufer zurückgekehrt ist oder sich durch Wegfall des gegnerischen Anrechts consolidirt hat, bleibt die Verpflichtung des Verkäufers, die Sache gegen Zahlung herauszugeben, ebenso bestehen, wie die Verpflichtung des Käufers zur Zahlung. Das Recht des Käufers, Lieferung der Sache zu verlangen, erlischt, sofern nicht die handelsrechtlichen Vorschriften über den Zahlungsverzug zur Anwendung kommen, erst dann, wenn das Interesse des Veräußerers an dem Vollzug des Geschäfts derart vollständig aufhört, daß ihm die mora des Käufers ein Rücktrittsrecht verschafft[75]).

Nicht anders ist es bei anderen Sicherungsübereignungen, nachdem das Eigenthum infolge der Säumniß des Schuldners auf den Gläubiger übergegangen, bezw. nachdem das Anrecht des Schuldners erloschen ist. Zwar hat der Schuldner, wenn die Eigenthumsübertragung zur Sicherung einer Darlehnsforderung vorgenommen war, keine Contractsklage gegen den Gläubiger auf Herausgabe, sobald er aber die unverändert fortbestehende Forderung tilgt, stellt sich das Eigenthum des Gläubigers als grundlos dar, und der Schuldner kann die Sache condiciren.

Es ist leicht zu erkennen, daß diese Gestaltung des Verhältnisses für den Gläubiger sehr unbequem ist. Zwar kann er dadurch, daß er die Sache dem Schuldner entzieht, einen Zwang auf denselben ausüben, zwar ist die Sache gegen den Zugriff anderer Gläubiger des Schuldners geschützt, aber der Gläubiger-Eigenthümer selbst kann sich nicht aus der Sache Befriedigung verschaffen, ohne sich einer Schadenersatzklage des Schuldners auszusetzen.

Deshalb kommt bei der Sicherungsübereignung zuweilen die Bestimmung vor, daß der Gläubiger bei dem Ausbleiben

---

75) Windscheid, Pand. ⁶ II, § 280, A. 1; auch Wendt, Neuverträge (1879), S. 86.

der Zahlung die Sache verkaufen und sich aus dem Erlös befriedigen dürfe, den Ueberschuß aber an den Schuldner herausgeben solle. War die Sicherungsübereignung in der Form eines Kaufgeschäfts abgeschlossen, so entsteht ein Vertragsverhältniß, welches wir schon in den römischen Quellen[76]) erwähnt finden. Bei dem Vorbehalt des Eigenthums findet sich ein ausdrückliches pactum de vendendo seltener, offenbar deshalb, weil hier der vereinbarte Kaufpreis den Werth der Sache darstellt und es also der Ermittelung des Werthes durch eine Versteigerung nicht zu bedürfen scheint. Daran, daß in der Zwischenzeit der Werth des Kaufobjects sich verändern könne, denken die Parteien gewöhnlich nicht; sie werden von dem Gedanken beherrscht, daß der Verkäufer befriedigt sein werde, wenn er die verkaufte Sache zurückerhalte. Für den Fall der Werthminderung ist zudem dadurch einigermaßen gesorgt, daß der Verkäufer zwischen der actio venditi und der Geltendmachung des Vorbehalts die Wahl hat.

Die Frage, wie sich das Verhältniß mangels vertragsmäßiger Regelung im Fall der Wertherhöhung des Kaufobjects gestalte, wird besonders durch den oben[77]) wiedergegebenen Fall aus der Praxis des Reichsgerichts angeregt. In demselben hatte sich freilich der Werth des unter Vorbehalt des Eigenthums verkauften Objects nicht gesteigert, im Gegentheil behauptete der Verkäufer eine erhebliche Verminderung des Werthes. Aber da die Hälfte des Kaufpreises bereits gezahlt war, wurde das Eigenthum von dem Verkäufer nur wegen der anderen Hälfte in Anspruch genommen. Vorausgesetzt, daß der Werth der Sache nicht auf die Hälfte gesunken war, hatte sich also der Werth im Verhältniß zum Schuldbetrage erhöht.

In jenem Processe hatte der beklagte Käufer geltend gemacht, daß der Gegner nur gegen Rückzahlung der gezahlten Kaufpreishälfte die Herausgabe des verkauften Hauses verlangen

---

76) fr. 7 § 2 de C. E. 18,1 ; vgl. fr. 13 § 24 de a. e. v. 19,1.
77) S. 45.

könne, und widerklagend beantragt, den Kläger zur Rückgabe dieser Hälfte des Kaufpreises zu verurtheilen. Mit Recht hat das Reichsgericht diese Widerklage aus dem Grunde verworfen, weil auch nach der Geltendmachung des Vorbehalts der Kauf= vertrag fortbesteht, der Käufer also zur Zahlung des Preises verpflichtet bleibt, und der gezahlte Theil desselben sich mithin nicht als sine causa solutum darstellt. Anscheinend ein wenig zweifelnd setzt das Reichsgericht hinzu:

„Dem Käufer kann, wie bereits das Landgericht hervor= gehoben hat, wenn der Verkäufer die Sache vindicirt, unter gewissen Voraussetzungen, insbesondere wenn der Werth der verkauften Sache zur Zeit der Herausgabe den noch rückstän= digen Theil des Kaufpreises übersteigt, ein Anspruch gegen den Verkäufer auf Erstattung der Bereicherung zustehen . . ."

Gewisse Bedenken gegen diese Auffassung lassen sich in der That nicht von der Hand weisen. Der Käufer kann unzweifel= haft nicht eine Theilung des Eigenthums verlangen, wenn er einen Theil des Kaufpreises bezahlt hat; vielmehr hat der Ver= käufer, bis der ganze Kaufpreis gezahlt ist, einen Anspruch auf das ganze Eigenthum auch wegen des kleinsten Kaufpreisrestes. Macht er wegen eines unbedeutenden Restes sein Volleigenthum geltend, so übt er allerdings einen Druck auf den Käufer aus, der unbillig erscheinen mag, der aber nicht ungerechtfertigt ist. Jedenfalls aber bereichert er sich nicht; denn er ist ja verpflichtet, dem Käufer gegen Zahlung des kleinen Restes nebst Zinsen und Erstattung etwaiger Schäden und Auslagen das ganze Eigen= thum abzutreten.

Eine weitere Schwierigkeit ergiebt sich, wenn man die Frage prüft, wie behufs Ermittelung der Bereicherung, oder richtiger des Mehrwerths der Sache gegenüber der Kaufpreis= forderung, der Werth der Sache festzustellen wäre. Eine ob= jective Schätzung des Sachwerthes würde regelmäßig zu einem den Verkäufer benachtheiligenden Ergebniß führen. Denn der Verkäufer hatte vermuthlich ein besonderes Interesse daran, sich der Sache zu entäußern; er würde sie nicht verkauft haben, wenn für ihn der angebotene Preis nicht mehr werth gewesen

wäre als die Sache. Erhält er nun diese zurück, so erleidet
er einen Schaden nur dann nicht, wenn es ihm gestattet ist,
sie sogleich wiederum zu verkaufen, und wenn er bei diesem
neuen Verkauf denselben Preis erzielt.

Die Quellen des römischen Rechts enthalten leider kein
Zeugniß dafür, daß der Verkäufer gegenüber dem in Zahlungsverzug befindlichen Käufer das Recht habe, die Sache zu verkaufen und sich, soweit der Erlös reicht, durch denselben zu befriedigen, mit der Verpflichtung, einen etwaigen Ueberschuß
herauszugeben. Es ist aber unbedenklich aus einigen, ähnliche
Verhältnisse betreffenden Entscheidungen der römischen Juristen
auf die Zulässigkeit dieses Verkaufes zu schließen, unter der
Voraussetzung freilich, daß die Aufbewahrung dem Verkäufer
unbequem oder schädlich wäre[78]). Ueberwiegend ist man der
Ansicht, daß dem Verkauf eine Benachrichtigung des säumigen
Käufers vorhergehen müsse[79]), damit diesem Gelegenheit ge-
boten werde, den Verkauf durch Zahlung abzuwenden. Da
der nochmalige Verkauf die Bedeutung hat, den Preis festzustellen, für welchen die Sache anderweit verkauft werden kann,
wird auch dem Verkäufer selbst, wenn er eine öffentliche Versteigerung stattfinden läßt, das Recht zuzugestehen sein, die Sache
zu kaufen[80]). Dies steht nicht im Widerspruch damit, daß
der zweite Verkauf durch das Bedürfniß des Verkäufers bedingt
sein soll, sich der Sache zu entäußern. Denn der Verkäufer
kann, nachdem er die Sache in der Versteigerung zurückerwor-
ben hat, sie nunmehr ohne dem säumigen Verkäufer verant-
wortlich zu sein, von neuem verkaufen. Formvorschriften bestehen für den gemeinrechtlichen „Selbsthilfeverkauf" nicht;
derselbe muß lediglich bona fide, unter möglichster Wahrung der Interessen des Käufers vorgenommen werden.

Daß diese Grundsätze nun auch dann Anwendung finden,

78) fr. 1 § 3 de per. et comm. 18,6; fr. 122 § 3 de V.O. 45,1;
vgl. Thöl, Handelsrecht I⁶, S. 957; vgl. aber auch S. A. XI, 139.
79) fr. 1 § 3 cit. spricht allerdings von der denunciatio nur mit Bezug auf das vinum effundere, nicht das vendere bona fide.
80) C.R.G. V, S. 58 ff.

wenn der Verkäufer in Ausübung des Vorbehaltsrechts die bedingte Tradition umgestoßen hat, steht außer Zweifel[81]). Ist
doch die Stellung desselben keine andere als desjenigen Verkäufers, der überhaupt noch nicht tradirt hatte.

Es stellt sich also heraus, daß das normale Ende des
durch den Vorbehaltsverkauf herbeigeführten Rechtsverhältnisses, abgesehen natürlich von der nachträglichen Zahlung des
Käufers und Ablieferung der Sache an ihn, der nochmalige
Verkauf der Sache bildet. Freilich kann der Schuldner denselben nicht erzwingen. Ergiebt sich bei dem Verkauf ein Erlös, welcher den Betrag der Kaufpreisschuld übersteigt, so ist
der Ueberschuß dem Käufer herauszugeben, wird ein geringerer
Kaufpreis erzielt, so besteht hinsichtlich des Deficits die actio
venditi des Verkäufers fort.

Bei den übrigen Sicherungsübereignungen wird man zu
demselben Ergebniß kommen müssen. Auch hier kann die Absicht der Parteien dahin gegangen sein, daß dem Schuldner,
auch nachdem sein Eigenthum an der Sache oder sein „Anrecht" auf die Sache in Folge seines Zahlungsverzugs unter-
gegangen ist, ein persönlicher Einlösungsanspruch gegen den
Gläubiger verbleiben soll. Ist dies der Fall, so wäre der
Gläubiger in einer üblen Lage, wenn er die Sache nicht, ohne
sich schadenersatzpflichtig zu machen, zu seiner Befriedigung
veräußern dürfte. Das Recht, welches seine Befriedigung
wegen der Forderung sichern soll, würde ihn gerade verhindern, aus dieser Sache sich Befriedigung zu verschaffen.
Aber die römischen Entscheidungen, welche uns die Zulässigkeit
eines „Selbsthilfeverkaufs" begründeten, führen uns auch hier
bei analoger Anwendung zu dem Satz, daß der Gläubiger die
ihm zur Sicherung seiner Forderung übereignete Sache behufs
seiner Befriedigung veräußern darf. Der Schuldner darf dem
Gläubiger nicht zumuthen, daß dieser die Sache unter Unbe-
quemlichkeiten und Nachtheilen aufbewahre, während er selbst
die Zahlung zu machen zögert, gegen welche der Gläubiger

---

81) S. A. V, Nr. 156 (Lübeck).

zur Herausgabe der Sache verpflichtet wäre. Nachdem der
Gläubiger die Sache behufs seiner Befriedigung verkauft hat,
kann der Schuldner nicht mehr unter nachträglicher Zahlung
des Schuldbetrages nebst Verzugszinsen Herausgabe der Sache
fordern.

Wir sind bisher davon ausgegangen, daß mit dem Zahlungsverzug die Bedingung eintrete, unter welcher der Gläubiger (Verkäufer) das Eigenthum beanspruchen und (bei der
resolutiven Uebereignung oder dem suspensiven Vorbehalt) das
„Anrecht" des Schuldners (Käufers) beseitigen könne. Hinsichtlich der suspensiven Uebereignung (des resolutiven Vorbehalts)
wird dagegen nichts einzuwenden sein. Ebenso ist es bei der
resolutiven Eigenthumsübertragung (dem suspensiven Vorbehalt), wenn die Parteien ausdrücklich sagen, daß die Tradition
der Sache an den Gläubiger unter der Bedingung als aufgehoben gelten solle, daß der Schuldner rechtzeitig, ohne Verzug u. dergl. zahle. Auch bei dieser Bestimmung kann, wie
wir sahen, der Schuldner auch noch später, bis der Gläubiger
sich zum Befriedigungsverkauf genöthigt sieht, die Sache durch
Zahlung einlösen; aber dieser sein Anspruch ist lediglich ein
obligatorischer.

Anders, wenn, wie gewöhnlich, vereinbart ist, daß die
Eigenthumsübertragung beseitigt sein solle, sobald der Schuldner seine Verpflichtungen erfüllt habe, oder, beim Vorbehalt
des Eigenthums, wenn die Clausel lautet, daß mit der Zahlung
des Kaufpreises das Eigenthum auf den Käufer übergehen
solle. Trat jene Eigenthumsübertragung einem Darlehnsver-
trag hinzu, in welchem bestimmt ist, daß das Darlehn nach
einem Jahr zurückzuzahlen sei, oder schloß sich der Vorbehalt des
Eigenthums einem Kaufvertrag an, nach welchem der Kaufpreis
binnen 6 Monaten zu bezahlen ist, so wird es nicht zulässig sein,
diese Zeitbestimmungen auch in die Uebereignungsbedingungen zu
interpoliren. Man könnte sich dazu durch die Erwägung veranlaßt
sehen, daß ohne eine solche Zeitbestimmung der durch die bedingte
Eigenthumsübertragung hervorgerufene Schwebezustand kein ab-
sehbares Ende habe. Allein, wie bei den anderen Eigenthums-

übertragungen zur Sicherung von Forderungen, ist hier auch der Abschluß gegeben durch die Verkaufsbefugniß des Gläubigers. Sobald der Schuldner (Käufer) in Zahlungsverzug kommt, kann der Gläubiger (Verkäufer), vorausgesetzt, daß ihm das Aufbewahren der Sache irgend welche Nachtheile bringt, durch den Verkauf der Sache alle Ansprüche des Schuldners (Käufers), außer den auf einen etwaigen Ueberschuß gerichteten, zu nichte machen. Bis dahin aber steht dem Schuldner in unserem Falle nicht bloß ein obligatorischer Anspruch auf Herausgabe der Sache nach Zahlung der Schuld gegen den Gläubiger zu, sondern der Anspruch aus seinem „Anrecht". Die dingliche Natur desselben äußert sich vor allem dann, wenn der Gläubiger vor erfolgter Befriedigungsveräußerung, aber nach eingetretenem Zahlungsverzug, in Konkurs verfällt, oder wenn zu dieser Zeit die Sache für eine Schuld des Gläubigers gepfändet wird. In jenem Fall wird der unter der Resolutivbedingung der Zahlung berechtigte Schuldner (oder der unter der Suspensivbedingung der Zahlung berechtigte Käufer) nach Zahlung seiner Schuld ein Absonderungsrecht geltend machen können, in diesem Fall steht ihm, soweit nicht der gutgläubige Erwerb in Frage kommt, nicht allein gegen den pfändenden Gläubiger seines Gläubigers, sondern selbst gegen den Pfandkäufer die Vindication frei.

§ 11.
Fortsetzung. Verhältniß zum Pfandrecht.

Die vorstehende Darstellung wird, so wenig sie des Pfandrechts Erwähnung gethan und so sehr sie vermieden hat, sich der Analogie des Pfandrechts zu bedienen, den Eindruck hinterlassen haben, daß die durch die Nichtzahlung einer Schuld bedingte Eigenthumsübertragung in hervorragendem Grade geeignet ist, den ökonomischen Bedürfnissen zu genügen, zu deren Befriedigung das Pfandrecht bestimmt ist. Zugleich aber wird klargestellt sein, welche Uebelstände sich ergeben müssen, wenn die Erreichung gewisser Ziele mit den Mitteln des Pfandrechts gesetzlich verboten ist, es aber zulässig sein sollte, denselben Zielen auf dem Wege der bedingten Eigenthumsübertragung zuzustreben.

Nun könnte auch derjenige, welcher anerkennt, daß Rechtsnormen nicht bloß deshalb von einem Rechtsgeschäft auf das andere durch analoge Anwendung übertragen werden dürfen, weil beide Rechtsgeschäfte denselben ökonomischen Zweck verfolgen, geneigt sein, eine solche Uebertragung hier wegen der Aehnlichkeit der Folgen, welche die Sicherungsübereignung und die Verpfändung hervorbringen, zuzulassen.

Dem gegenüber ist zunächst hervorzuheben, daß die Aehnlichkeit der Rechtsverhältnisse, welche durch die Sicherungsübereignung und durch die Verpfändung erzielt werden, wie wir gesehen haben, in sehr verschiedenen Abstufungen vorkommt.

Unverkennbar ist die Aehnlichkeit, wenn dem Gläubiger das Eigenthum unter der Suspensivbedingung, daß die Schuld nicht getilgt werde, und mit der Bestimmung übertragen wird, daß er bei Eintritt der Bedingung die übereignete Sache öffentlich meistbietend verkaufen lassen und den über den Betrag seiner Forderung erzielten Mehrerlös herausgeben solle. In diesem Falle steht vor dem Eintritt der Bedingung das Eigenthum dem Schuldner zu, dem Gläubiger ein „Anrecht". Die Sache ist dadurch dem Gläubiger fast genau so gebunden, als ob die obligatio rei des Pfandrechts vorläge. Entscheidet sich die Bedingung, so wird die Angelegenheit sich kaum anders regeln, als wenn es sich um eine Verpfändung handelte.

Mag man sich in diesem Falle leicht entschließen, pfandrechtliche Bestimmungen analog zur Anwendung zu bringen, so wird man das Gleiche doch in dem Falle bedenklich finden, daß dem Gläubiger eine Sache resolutiv bedingt zu Eigenthum gegeben war. Auch hier entsteht eine Gebundenheit der Sache, aber nicht zu Gunsten des Gläubigers an der Sache des Schuldners, sondern umgekehrt, also eine Gebundenheit, die mit der obligatio rei des Pfandrechts nichts gemein hat.

Glaubt man sich hier nicht berechtigt, pfandrechtliche Vor

schriften anzuwenden, so ergiebt sich der Uebelstand, daß Ge= schäfte, deren Unterschiede im praktischen Leben kaum empfun= den werden, und welche sämmtlich gegenüber den pfandrecht= lichen Verbotsbestimmungen die gleichen Bedenken erregen, ganz verschiedenartiger Behandlung unterliegen.

Ferner aber muß die Frage aufgeworfen werden, wenn sie auch an dieser Stelle nicht ausreichend beantwortet werden kann, ob die Analogie, sofern sie davon, den versteckten Willen des Gesetzgebers zu ermitteln, dazu übergeht, Rechtssätze festzu= stellen, an die der Gesetzgeber nicht gedacht, die er in Wahrheit n i c h t gewollt hat, überhaupt noch ein Mittel bleibt, geltendes Recht zu constatiren, oder zu einem Faktor neuen positiven Rechts, eines Gewohnheitsrechts, wird.

Sollte sich in Particularrechten ermitteln lassen, daß der Gesetzgeber mit gewissen pfandrechtlichen Vorschriften zugleich die Rechtsgeschäfte treffen wollte, die wir geschildert haben, so würde dieser Wille maßgebend sein, auch wenn er im Gesetz keinen Ausdruck gefunden hätte. Wo aber, wie im gemeinen Recht, ein solcher Wille des Gesetzgebers nicht festzustellen ist, da läßt sich die Auffassung wohl vertreten, daß die Behaup= tung, gewisse pfandrechtliche Normen seien auf unsere Sicherungs= übereignungen analog anzuwenden, nichts weiter ist als ein den Richtern gemachter Vorschlag, nach jenen Normen auch bei Sicherungsübereignungen wegen der zwischen ihnen und den Pfandrechten bestehenden Aehnlichkeit zu urtheilen und damit ein sich an die gesetzlichen Vorschriften für Pfandrechte an= lehnendes Gewohnheitsrecht herauszubilden.

Im Folgenden soll der unsichere Boden der Argumen= tation aus der Analogie nicht betreten werden. Wir hoffen, eine festere Grundlage zu gewinnen, indem wir die Frage zu beantworten versuchen, ob nicht zwischen der Eigenthums= übertragung unter der Bedingung der Nichtzahlung einer Schuld und der Verpfändung sich eine innere Gemeinschaft ermitteln läßt.

Zu der bejahenden Antwort werden wir durch die Er= wägung hingeführt, daß die Verpfändung die Kraft hat, unter

der Bedingung, daß die Schuld nicht getilgt wird, das Eigen=
thum an der verpfändeten Sache von dem Verpfänder auf
den Pfandkäufer übergehen zu lassen.

Die Thatsache, daß das Eigenthum an dem Pfand von
dem Verpfänder auf den Pfandkäufer übergeht, ohne daß der
verkaufende Pfandgläubiger auch nur einen Augenblick lang
selbst Eigenthümer geworden wäre, und unabhängig davon, ob
der Verpfänder zur Zeit des Verkaufs den Willen hat oder
rechtlich haben darf, sein Eigenthum an den Pfandkäufer zu
übertragen, hat römische wie neuere Juristen zu Versuchen con=
structiver Erklärung veranlaßt.

Hier handelt es sich nicht um die Construction, sondern
lediglich um die Constatirung der Thatsache: Der Pfandver=
trag hat die Wirkung, das dem Verpfänder zustehende Eigen=
thum, nachdem Zahlung der Schuld ausgeblieben ist, mit dem
Augenblick auf den Käufer des Pfandes zu übertragen, in
welchem die Sache demselben von dem Pfandgläubiger aus=
gehändigt wird; es bedarf dabei weder des zur Zeit der
Uebergabe bei dem Verpfänder vorhandenen animus transferendi dominii, noch einer beim Abschluß des Pfandvertrages
vollzogenen Eigenthumstradition.

Das Pfandrecht erzeugt also einen der wenigen Fälle, in
denen Eigenthum ohne Tradition seitens des Eigenthümers
übergeht.

Die Befugniß, das Pfand zu verkaufen und das Eigen=
thum an demselben zu übergeben, ist nicht immer ein inte=
grirender Bestandtheil des Pfandrechts gewesen. Aber auch zu
der Zeit, als jene Befugniß nur durch ein besonderes pactum
de vendendo verliehen wurde, war das Recht des Pfand=
gläubigers, einem Pfandkäufer Eigenthum zu verschaffen, doch
nicht ein Ausfluß jener besonderen Vereinbarung, sondern des
Pfandrechts. Auch heutzutage kommt das pactum de vendendo, losgelöst von der Verpfändung, in der Weise vor, daß
ein Schuldner seinem Gläubiger vertragsmäßig gestattet, wenn
die Schuld nicht getilgt werden sollte, eine dem Schuldner gehörige Sache zu verkaufen und sich aus dem Erlös zu befrie-

digen. Ist mit einer solchen Vereinbarung nicht eine bedingte Tradition der Sache verbunden, so kann das Eigenthum der Sache nicht ohne den Willen des Schuldners an einen Käufer übergeben werden. Nur wenn das pactum de vendendo einem Pfandvertrag hinzutritt, entnimmt es aus diesem die Kraft, ohne weiteres einen Eigenthumswechsel zu bewerkstelligen, gleichgiltig, ob zu der Zeit der Uebergabe an den Käufer der Verpfänder sich in Konkurs befindet oder den Willen aufgegeben hat, sein Eigenthum übertragen zu lassen. Dadurch, daß die Verkaufs- und Eigenthumsübertragungsbefugniß zu einem regelmäßigen und schließlich zu einem nothwendigen Bestandtheil des Pfandgeschäfts geworden ist, hat sich nur insofern etwas verändert, als die im Pfandrecht schlummernde Kraft, das Eigenthum an den Pfandkäufer zu übertragen, nicht mehr durch besondere Verabredung wachgerufen wird, sondern sich in jedem Falle geltend macht.

Erkennen wir also, daß der Pfandvertrag ebenso wie die Sicherungsübereignung die Kraft hat, bei dem Ausbleiben der Schuldzahlung einen Eigenthumswechsel hervorzubringen, ohne daß es dann noch einer vom Willen des Eigenthümers abhängigen Uebertragung bedürfte, so dürfen wir wohl von einer gewissen Verwandtschaft zwischen Pfandgeschäft und Sicherungsübereignung sprechen. Allein diese Verwandtschaft würde uns höchstens zur Verwendung der Analogie berechtigen, welche wir hier vermeiden wollen. Immerhin sind doch der Uebergang des Eigenthums auf den Pfandkäufer und die durch die Sicherungsübereignung bewerkstelligte Eigenthumsübertragung an den Gläubiger etwas Verschiedenes. Selbst in dem Fall, daß dem Gläubiger das Eigenthum suspensiv bedingt und mit der Bestimmung übergeben war, daß der Gläubiger die Sache verkaufen und herausgeben solle, was er über den Betrag seiner Forderung hinaus einnehmen werde, stellen sich praktisch nicht unerhebliche Differenzen gegenüber dem Pfandrecht dann heraus, wenn der Gläubiger nach dem Ausbleiben der Zahlung, aber vor dem Verkauf in Konkurs verfällt.

Ist demnach der Eigenthumsübergang, welchen das ge-

wöhnliche Pfandrecht bewirkt, ebenso wie derjenige zu Folge
der Sicherungsübereignung von der Bedingung abhängig, daß
die Schuld nicht getilgt wird, im Uebrigen aber von dem durch
die Sicherungsübereignung herbeigeführten Eigenthumsübergang
verschieden, so fragt sich weiter, ob das Pfandrecht nur in der
Art einen Eigenthumswechsel bewerkstelligen kann, daß ein
Käufer das Pfand zu Eigenthum erwirbt.

Giebt es nicht auch Pfandrechte, welche unter der Bedingung, daß die Schuld nicht getilgt wird, den Pfandgläubiger
selbst zum Eigenthümer machen können?

Hier ist zunächst an die (reguläre) Verpfändung von Geldstücken zu denken. In diesem Fall ist der Pfandgläubiger dann,
wenn die Schuld nicht getilgt wird, nicht genöthigt, die verpfändeten Geldstücke zu verkaufen; vielmehr ist er berechtigt,
sich die seiner Forderung entsprechende Summe anzueignen.
Er wird Eigenthümer derselben, gleichgiltig, ob gegenwärtig
der Verpfänder den Willen hat und haben darf, ihm das
Eigenthum zu übertragen, und ohne daß dem Pfandgläubiger
das Eigenthum vorher bedingt tradirt wäre.

Das ältere römische Recht kannte auch an anderen Sachen
als Geldstücken eine Art der Verpfändung, welche den Gläubiger, falls er nur wollte, bei dem Ausbleiben der Schuldtilgung
zum Eigenthümer machte. Das römische Pfandrecht mit der
lex commissoria entnahm seine Fähigkeit, das Eigenthum
ohne den gegenwärtigen Willen des Verpfänders auf den
Pfandgläubiger übergehen zu lassen, ebensowenig der lex commissoria an sich, wie die Verpfändung mit einem pactum de
vendendo ihre Kraft, das Eigenthum auf den Pfandkäufer
übergehen zu lassen, dem pactum de vendendo. Aber es ist
allerdings bei dem Stand unserer Quellen zweifelhaft [82]), ob

82) Vgl. insbef. Wendt, Neuverträge, S. 149 ff. — Vielleicht enthält
ein Beispiel eines commissorischen Pfandvertrages mit begleitender Eigenthumstradition ein egyptischer Papyrus aus der Sammlung Seiner Kaiser-
lichen Hoheit des Erzherzogs Rainer, über welchen ich mit giltiger Erlaub-
niß des Direktors der Sammlung, Herrn Professor Dr. Karabacek in Wien,
und nach einer Abschrift, die ich Herrn Dr. Wessely daselbst verdanke,

hier wie dort der unmittelbare Eigenthumsübergang sich lediglich aus dem Pfandvertrage erklärt, oder ob er die Folge einer die lex commissoria begleitenden Eigenthumstradition war. Es muß deshalb auch dahingestellt bleiben, ob die Aeußerung Jhering's[83]) berechtigt ist, daß unsere moderne suspensivbedingte Tradition auf römischem Grund und Boden nur in dem Eigenthumserwerb des Pfandgläubigers zu Folge der lex commissoria beim Pfandvertrag zur vollen Anerkennung gelangt sei.

Vergessen wir nun für einen Augenblick, daß der commissorische Pfandvertrag durch das bekannte Gesetz Constantins auch für uns verboten ist, so dürfen wir sagen, daß der Eigenthumsübergang, welchen der commissorische Pfandvertrag erzielt, identisch ist mit demjenigen, welchen die suspensivbedingte Sicherungsübereignung nach sich zieht. In beiden Fällen geht das Eigenthum ohne den Willen des bisherigen Eigenthümers dann über, wenn der Schuldner in Verzug kommt und der Gläubiger das Eigenthum erwerben will.

Nun darf man nicht etwa deshalb, weil der commissorische Pfandvertrag eine in gleicher Weise bedingte Eigenthumsüber-

---

Folgendes mittheilen darf. Der Papyrus, welcher der Lesung erhebliche Schwierigkeiten bereitet, stammt aus dem Jahr 228 n. Chr. Nach demselben entleiht Aurelia Thaësis von Aurelios Sarapion auf einen Monat und ein Jahr 900 Drachmen und verpfändet für dieses Darlehn sich selbst und gewisse näher bezeichnete Grundstücke (τῆς πράξεως αὐτῷ οὔσης ἔκ τε τῆς δεδανισμένης ʾαήσεως καὶ ἐκ τῆς ἑξῆς δη[λουμέ]νης ὑπο[ʾή]κης]). Der Verpfändung schließt sich die lex commissoria an (καὶ τῆς ʾαήσιος μὴ ἀποδιδούσης ἕξειν τὰς ἀρ[ούρα]ς καὶ προσοδ]εύεσʾαι κρατεῖ[ν καὶ κυριεύ]ειν καὶ δεσπόζειν καὶ ἐξ[ουσίαν ἔ]χειν πᾶσαν οἰκονομ[ίαν] κατ' αὐτῶν ἐπιτελεῖν ἀνεμποδίστως). Nun folgen die Worte: αὐτὰς προσδεδοκυίας τῆς αὐρηλίας ʾαήσεως παρουσίᾳ. Herr Dr. Wessely bemerkt: „es folgen noch nicht entzifferte schwache Reste von Schrift." Möglich ist also, daß die angegebenen Worte mit dem Folgenden zusammenhängen, möglich aber auch, daß sie bedeuten: indem Aurelia Thaësis sie (die mit der Hypothek belegten Grundstücke) hinzugegeben (die Tradition derselben hinzugefügt) hat, und zwar in Anwesenheit.

83) Jahrb. f. Dogm. X, S. 534.

tragung enthält, wie die suspensivbedingte Sicherungsübereig=
nung, das commissorische Pfandrecht lediglich als eine bedingte
Eigenthumsübertragung construiren wollen. Diese Auffassung
entspräche ebensowenig der Auffassung der römischen Juristen,
wie die Construction der älteren Satzung als einer bedingten
Eigenthumsübertragung der Anschauungsweise des Mittel=
alters⁸⁴). Das commissorische Pfandgeschäft enthält zwar
eine bedingte Eigenthumsübertragung, aber es ist mehr als das.
Damit hängt unmittelbar zusammen, daß die suspensiv=
bedingte Sicherungsübereignung nicht als ein commissorischer
Pfandvertrag bezeichnet werden darf. Als ein dritter Besitzer
eines unter Vorbehalt des Eigenthums verkauften Grundstücks
der auf Grund des Vorbehalts erhobenen Vindication die
exceptio excussionis entgegenstellte, hat das vorm. Ober=
appellationsgericht zu Celle⁸⁵) diese Einrede mit Recht zurück=
gewiesen. Denn die exceptio excussionis ist nur begründet,
wenn ein „Pfandrecht" vorliegt. Nun wäre es denkbar, daß
ein Pfandrecht durch einen Vertrag bestellt würde, der das
Wort „Pfand" vermiede, z. B. wenn zwei Juristen sich das
Vergnügen machten, einen Vertrag aufzusetzen, der bestimmte,
daß die Sache des A. wegen einer Forderung des B. dinglich
gebunden sein solle, daß B. das Recht erhalte, die Sache, falls
er Befriedigung seiner Forderung nicht erhalten sollte, öffentlich
unter möglichster Wahrung der Interessen des A. versteigern
zu lassen, und verpflichtet sei, den Erlös nach Abzug des Be=
trages seiner Forderung dem A. herauszugeben u. s. w. Ließe
der Vertrag erkennen, daß die Contrahenten ein Pfandrecht
begründen wollten, so würde auch die exceptio excussionis
Platz greifen können. Denn zur Entstehung eines Pfandrechts
ist nicht der Gebrauch des Wortes „Pfand" oder „Hypothek"
erforderlich, wie zur Entstehung von Wechselrechten der Ge=

84) Vgl. Stobbe in der Krit. Vierteljahrschrift IX, S. 297, zu dem
(richtigen) Satz von Meibom's (Deutsches Pfandrecht, S. 353), daß die
Satzung fahrender Habe eine suspensivbedingte Eigenthumsübertragung
enthalten habe.
85) S. A. XII, Nr. 6.

brauch des Wortes „Wechsel". Durchaus irrig ist aber die viel=
fach aufgestellte Behauptung, daß dem Vorbehalt des Eigen=
thums der Wille zu Grunde liege, ein Pfandrecht zu erzeugen.
Ebensowenig liegt dieser Wille vor, wenn zur Sicherung einer
anderen als einer Kaufpreisforderung Eigenthum bedingt
übertragen wird. Die Parteien wählen die Form der beding=
ten Eigenthumsübertragung gerade deshalb, weil sie Gründe
haben, eine Pfandbestellung n i ch t zu wollen.

Trotzdem ist die Erkenntniß, daß die suspensivbedingte
Sicherungsübereignung die Kraft hat, denselben Eigenthums=
übergang zu bewirken, den auch der commissorische Pfandver=
trag bewirkt, von praktischer Bedeutung wegen der pfandrecht=
lichen V e r b o t e, vor allem also deshalb, weil der commissorische
Pfandvertrag selbst verboten ist.

§ 12.
**Fortsetzung. Das Verbot der lex commissoria und
der Mobiliarhypothek.**

Die pfandrechtlichen G e b o t e greifen nur da Platz, wo
das Pfandrecht als Ganzes in die Erscheinung tritt; die pfand=
rechtlichen V e r b o t e dagegen treffen nicht allein das Ganze,
sondern auch seine wesentlichen Theile.

Es sei mir gestattet, ein Gleichniß zu gebrauchen.

Wenn Jemand auf eine Maschine ein Patent genommen
hat, so ist es einem Anderen nicht verwehrt, einzelne in der
Maschine vorkommende Räder und Hebelvorrichtungen zu fab=
riciren. Aber ebensowenig, wie die Maschine im Ganzen,
darf er das Räderwerk oder die Hebelvorrichtungen nachmachen,
auf welchen die Kraft und in welchen das Wesen der Maschine
beruht. Gleichgiltig ist dabei, ob dieser wesentliche Bestandtheil
mit fremden Stücken zusammen ein neues Ganzes ausmacht,
oder ob er allein in den Handel gebracht wird, weil er allein
die wichtigsten, wenn auch nicht alle Functionen der Maschine
versehen kann. Auch wenn der wesentliche Bestandtheil durch

den Nachahmer einige Abänderungen erfährt, die aber seine Natur nicht umgestalten, seine Kraft nicht wesentlich verändern, wird das Patentverbot übertreten.

Ein wesentlicher Bestandtheil des Pfandrechts ist seine Eigenschaft, unter der Bedingung, daß die Schuld nicht getilgt wird, Eigenthum übergehen zu lassen.

Unterliegt das Pfandrecht einem Verbot, so wird durch dieses zugleich jeder Mechanismus betroffen, welcher unter der Bedingung, daß eine Schuld nicht getilgt wird, Eigenthum übergehen läßt.

Das Pfandrecht ist nicht gleichsam mit einem Patent ausgestattet. Gäbe es neben dem Pfandvertrag ein anderes Rechtsgeschäft, welches im Stande wäre, das Eigenthum an einer dem Gläubiger vom Schuldner angewiesenen Sache un= mittelbar auf denjenigen übergehen zu lassen, welchem der Gläubiger dieselbe verkauft, so würde ein solches Rechtsgeschäft vollkommen giltig sein.

Verboten aber ist — abgesehen von dem Geldpfandrecht — ein Pfandgeschäft, welches das Eigenthum bei dem Aus= bleiben der Schuldtilgung auf den Gläubiger an Zahlungsstatt übergehen läßt. Eine solche Verpfändung ist nicht ganz und gar ungiltig. Aber an die Stelle desjenigen Theils des Pfand= contracts, welcher den Gläubiger bei dem Ausbleiben der Zah= lung zum Eigenthümer machen will, tritt der gewöhnliche Bestandtheil des Pfandrechts, die Kraft, denjenigen zum Eigen= thümer zu machen, dem der Gläubiger die Sache verkauft.

Gerade dieser wichtige Theil des Pfandgeschäfts, die be= dingte Uebereignung an den Pfandgläubiger ist es, welche die Sicherungsübereignung nachahmt. Deßhalb unterliegt sie dem Verbot der lex commissoria.

Dabei ist kein Unterschied zu machen zwischen der suspen= sivbedingten und der resolutivbedingten Sicherungsübereignung. Während die erstere die pfandrechtliche lex commissoria genau copirt, fügt die letztere in der sofortigen Eigenthumsübertragung lediglich einen fremden Bestandtheil hinzu, welcher den Character des Geschäfts im Ganzen nicht berührt und dasselbe deshalb dem Verbot der lex commissoria nicht zu entziehen vermag.

Dagegen ist es allerdings nicht unzweifelhaft, ob das Verbot der lex commissoria auch diejenige Sicherungsüber- eignung trifft, welche den Gläubiger verpflichtet, die übereignete Sache zu verkaufen und den Erlös, soweit er den Betrag der Schuld übersteigt, an den Schuldner herauszugeben. Es wird darauf ankommen, ob man eine unzulässige lex commissoria auch in der Pfandvereinbarung erblicken würde, daß das Pfand . zwar bei dem Ausbleiben der Schuldtilgung in das Eigenthum des Gläubigers übergehen, dieser aber gehalten sein solle, bei einem demnächstigen Verkauf den erzielten Ueberschuß an den Schuldner herauszugeben. Bei der wenig präcisen Fassung der Verfügung Constantins sowohl im Theodosischen als im Justinianischen Codex [86]) wird eine unanfechtbare Entscheidung kaum zu erzielen sein. Indessen dürfte mit Rücksicht darauf, daß das Gesetz nur bezweckt, die captiones und die asperitas der lex commissoria zu beseitigen, die Ansicht den Vorzug verdienen, daß nur diejenigen Pfandverträge von dem Verbote berührt werden, welche das Pfand dem Gläubiger unter Aus- schluß einer Ausgleichung zwischen dem Werth der Sache und dem Betrag der Schuld verfallen lassen.

Wer diese Auffassung theilt, wird kein Bedenken tragen, eine Sicherungsübereignung als giltig zu behandeln, welche nicht bezweckt, dem Gläubiger die Sache bei dem Ausbleiben der Schuldtilgung endgiltig an Zahlungsstatt zu überlassen, welche vielmehr dem Gläubiger lediglich das Recht verschaffen will, sich durch Verkauf der Sache zu befriedigen. Wie wir früher [87]) darzulegen versucht haben, geht in solchen Fällen dem Schuldner mit dem Augenblick, in welchem das Eigen- thum dem Gläubiger zufällt, bezw. das „Anrecht" des Schuld- ners erlischt, nicht jeder obligatorische Anspruch auf Rückempfang der Sache verloren. Handelt es sich um den Vorbehalt des

---

86) l. 1 C. Th. de comm. resc. 3,2. — l. 3 C. de pact. pign. 8,35. 87) S. 55.

Eigenthums beim Kauf, so besteht, auch nachdem der Verkäufer in Folge des Zahlungsverzugs des Käufers die Sache zu freiem Eigenthum an sich genommen hat, sowohl die Berechtigung als die Verpflichtung des Käufers aus dem Kauf fort. Das Verhältniß ist dasselbe, wie wenn die Sache dem Käufer niemals zu Eigenthum übergeben wäre. Zahlt der Käufer nachträglich den Kaufpreis nebst Zinsen und den dem Käufer durch die Aufbewahrung der Sache erwachsenen Kosten, so ist der Verkäufer zu erneuter Tradition der Sache verpflichtet. Die actio emti in dieser Richtung erlischt erst, wenn der Verkäufer die Sache im Wege des gemeinrechtlichen „Selbsthilfeverkaufs" anderweit veräußert hat.

Liegt eine Sicherungsübereignung anderer Art vor, so besteht, auch nachdem der Gläubiger das freie Eigenthum an der Sache erlangt hat, die Schuld fort; eine Contractsklage auf Rückempfang der Sache hat dagegen der Schuldner nicht. Tilgt derselbe aber nachträglich die Schuld nebst Verzugszinsen u. s. w., so kann er die übereignete Sache condiciren. Die Sache war ja lediglich zur Sicherung einer Forderung übereignet. Nachdem die Forderung beseitigt ist, ist die causa der Eigenthumsübertragung finita. Auch hier hört das Recht des Schuldners auf Herausgabe der Sache dann auf, wenn dieselbe von dem Gläubiger zwecks seiner Befriedigung verkauft ist, und es bleibt nur eine Condiction des Mehrerlöses übrig.

Schließlich werden die vorstehenden Grundsätze selbst dann als maßgebend angesehen werden dürfen, wenn die Sicherungsübereignung nicht in dem Sinn, daß der Gläubiger sich durch Verkauf der Sache Befriedigung verschaffen dürfe, sondern mit der Bestimmung vorgenommen ist, daß die Sache dem Gläubiger an Zahlungsstatt verfallen solle. Obwohl diese letztere Vereinbarung nichtig ist, kann der Wille der Contrahenten, daß die Sache dem Gläubiger zu seiner Sicherung und eventuell zu seiner Befriedigung übereignet werde, als rechtswirksam betrachtet werden. Die Befriedigung aber gestattet das Recht nur mittels des Verkaufs der Sache.

— 73 —

Damit eine Sicherungsübereignung giltig sei und den
Gläubiger in den Stand setze, sich durch Verkauf der Sache
Befriedigung zu verschaffen, wird nun aber ferner erfordert,
daß sie sich nicht in Widerspruch zu dem Verbot der Mobiliarhypothek setze.

Indem jede Verpfändung von Mobilien verboten ist,
welche nicht dem Gläubiger die dauernde Inhabung der Sache
verschafft, ist zugleich jedes Rechtsgeschäft verboten, welches
ohne dauernde Uebertragung der Inhabung die dem Pfandrecht eigenthümliche und wesentliche Kraft enthält, unter der
Bedingung, daß eine Schuld nicht getilgt werde, zwecks Befriedigung des Gläubigers das Eigenthum einer dem Schuldner gehörigen Sache unmittelbar übergehen zu lassen.

Das Ergebniß unserer bisherigen Untersuchung ist also
folgendes:

Die Sicherungsübereignung ist nichtig, wenn der Gläubiger nicht dauernd die Inhabung der Sache erhält. Ist
diesem Erforderniß genügt, so kann die Sicherungsübereignung
dem Gläubiger nur dadurch Befriedigung verschaffen, daß derselbe die Sache verkauft, nicht aber dadurch, daß er sie an
Zahlungsstatt behält.

Der letztere Satz widerspricht nicht dem anderen, daß es
zulässig ist, einem Gläubiger auf den Fall, daß er nicht befriedigt werde, eine Sache für den Betrag der Forderung zu verkaufen, ebenso wie es gestattet ist, daß der Pfandschuldner das
Pfand für den Betrag der Forderung an den Pfandgläubiger
verkauft. Diese Vereinbarungen haben weder eine dingliche
Gebundenheit der Sache noch einen ipso iure eintretenden
Eigenthumsübergang zur Folge und unterliegen nach gemeinem
Recht dem Verbot der lex commissoria nicht[88]). Allerdings
ist bei dem eventuellen Verkauf des Pfandes die Sache dinglich gebunden, aber nur durch den Pfandvertrag, nicht durch
die Verkaufsbestimmung, und deshalb nur in der gewöhnlichen
Weise. Fällt der Schuldner in Konkurs, so steht dem Gläu-

) Vgl. Dernburg, Pfandrecht II, S. 279.

biger nicht ein Aussonderungsrecht, sondern nur ein Absonderungsrecht und außerdem ein konkursmäßiger Anspruch aus
dem Kauf zu.

Die Erstreckung des Verbots der lex commissoria auf
den Vorbehalt des Eigenthums, welcher die Befriedigung des
Verkäufers nicht auf dem Wege eines anderweiten Verkaufs,
sondern dadurch zum Ziel hat, daß der Verkäufer die Sache
in Zahlung für den Kaufpreis zurücknimmt, dürfte auch nach
den vorstehenden Ausführungen nicht unbedenklich erscheinen.
Es ist nicht gebräuchlich, den Verkauf unter einer lex commissoria als einen besonderen Fall des Vorbehaltsverkaufs
aufzufassen; vielmehr sind nach der herrschenden Anschauung
der Vorbehalt des Eigenthums und die lex commissoria beim
Kauf deshalb ganz verschieden, weil ersterer einem unbedingten
Kaufvertrag hinzutritt, letztere aber sowohl die Eigenthumsübertragung als den Kauf von der Bedingung der Zahlung
des Kaufpreises abhängig macht.

Von dieser Auffassung ausgehend, ist Burckard [89]) durchaus folgerichtig dazu gelangt, die Zulässigkeit der lex commissoria im Sinn einer suspendirenden Bedingung zu leugnen.
Er hat dargelegt, daß durch die aufschiebende lex commissoria
die Perfection eines Vertrages, der durch bloßen Consens zu
Stande kommt, von einer Bedingung abhängig gemacht werde,
die in der Erfüllung einer erst aus dem perfecten Vertrag hervorgehenden Verbindlichkeit besteht.

Nun kommen aber im Rechtsleben häufig genug Ver-
äußerungsgeschäfte mit aufschiebend bedingender lex commissoria vor. Dieser Art sind z. B. die meisten Abzahlungs-
geschäfte. Der Händler verkauft eine Sache, die er zugleich
übergiebt, gegen einen in Raten zu zahlenden Preis; das
Eigenthum soll bis zur Zahlung der letzten Rate bei dem Verkäufer bleiben und erst dann auf den Käufer übergehen, ohne
daß es dann einer Tradition bedürfte. Wird eine Rate nicht

89) Arch. f. civil. Praxis I.I (S. 151 ff.: Zur Lehre von der lex
commissoria beim Kauf), S. 165 ff.

pünktlich bezahlt, so darf der Verkäufer den Kaufvertrag als aufgehoben betrachten; die bereits gezahlten Raten gelten als Miethzinszahlungen.

Nach Burckhard würde ein solcher Vertrag deshalb un-giltig sein, weil die juristische Construction es nicht zulassen kann, daß ein Kaufvertrag von einer Bedingung abhängig ge-macht wird, die in der Erfüllung einer erst aus dem perfecten Vertrag hervorgehenden Verbindlichkeit besteht.

Da indessen die Gestaltungen des Rechtslebens nicht unter der Regierung der juristischen Construction leiden sollen, diese vielmehr verpflichtet ist, dem Parteiwillen, solange er nicht in Widerspruch zum objectiven Recht tritt, gerecht zu werden, wird es richtiger sein, in der lex commissoria beim Kaufvertrage nicht eine Bedingung desselben, sondern die Bestimmung zu sehen, daß bei dem Ausbleiben der aus einem unbedingten Kauf geschuldeten Preiszahlung der Käufer die Sache statt der Zahlung erhalte, ohne daß es noch eines Befriedigungsverkaufs bedürfte und der Verkäufer zur Herausgabe des Mehrwerths der Sache verpflichtet wäre. Ebensowenig wie durch den commissorischen Pfandvertrag die Verpflichtung des Schuldners zur Rückzahlung des ihm gewährten Darlehns eine bedingte wird, ist der Kaufvertrag durch die lex commissoria, die wir auch als commissorischen Vorbehalt des Eigenthums bezeichnen können, bedingt[90]).

Gelangen wir also zu dem Ergebniß, daß die Verbote der lex commissoria und der Mobiliarhypothek ihre Wirkungen sowohl auf die bedingten Eigenthumsübertragungen zur Siche-rung von Forderungen im Allgemeinen als auf den Vorbehalt des Eigenthums im Besonderen erstrecken, so glauben wir hin-

---

[90]) Weil der commissorische Vorbehalt wie jeder andere Eigenthums-vorbehalt ein der Sicherung der Kaufpreisforderung dienender Nebenvertrag neben dem Kaufvertrag, nicht ein nebensächlicher Bestandtheil des Kaufver-trages ist, dürfte der Behauptung Fitting's (b. Reichs-Concursordnung und das Concursverfahren *, S. 52 A.) nicht beizustimmen sein, daß die Geltend-machung der lex commissoria im Konkurse durch § 21 KO. ausgeschlossen sei, wenn die Preiszahlung wegen der Konkurseröffnung ausgeblieben ist.

fichtlich des Vorbehalts nicht, geltendes Recht vorzutragen. Soweit das Particularrecht nicht auf Grund der früher sehr verbreiteten falschen Theorie den Vorbehalt des Eigenthums für ein Pfandrecht erklärt hat, weil die Parteien ein Pfandrecht begründen wollten, ist bisher nicht daran gedacht, die genannten Verbote auf den Vorbehalt des Eigenthums anzuwenden. Bei den zahlreichen Erörterungen über das Verhältniß des conſtantiniſchen Verbots der lex commiſsoria zu der lex commiſsoria beim Kauf iſt, ſoviel mir bekannt, die Frage nicht aufgeworfen, ob ſelbſt dann, wenn die Interpolation des Worts „pignorum" im Juſtinianiſchen Coder dem Sinn der Verfügung Conſtantins gemäß ſein ſollte, die Beſtimmung nicht von Anfang an ihre Wirkungen auch auf die lex commiſsoria beim Kauf erſtrecken mußte. Man wird alſo annehmen dürfen, daß die Exemtion des Eigenthumsvorbehalts von den Verboten der Mobiliarhypothek und der lex commiſsoria im Allgemeinen durch Gewohnheitsrecht feſtgeſtellt iſt. Die Erkenntniß, daß ohne eine Ausnahmsnorm jene Verbote auch auf den Vorbehalt des Eigenthums Anwendung zu finden haben, gewinnt aber dann praktiſche Bedeutung, wenn eine neue Geſetzgebung alles Gewohnheitsrecht vernichtet, ohne eine beſondere Beſtimmung über den Vorbehalt aufzunehmen.

Von einem ähnlichen Gewohnheitsrecht bei anderen bedingten Eigenthumsübertragungen zur Sicherung von Forderungen wird man nicht ſprechen können. Bei ihnen könnte nur noch in Frage kommen, ob es nicht geſtattet iſt, wenigſtens die Eigenthumsübertragung auf den Gläubiger aufrecht zu erhalten und den dinglichen Anſpruch des Schuldners in eine obligatoriſche Forderung der Rückübertragung umzuwandeln. Dieſe Frage wird beſonders dadurch angeregt, daß in ſehr vielen Verträgen, welche Sicherungsübereignungen enthalten, dem Gläubiger zunächſt das Eigenthum unbeſchränkt übertragen und erſt an ſpäterer, oft weit entfernter Stelle die Beſtimmung hinzugefügt wird, daß bei rechtzeitiger Tilgung der Schuld das Eigenthum an den Schuldner zurückfallen oder daß der Vertrag erſt bei dem Ausbleiben der Zahlung in

Wirksamkeit treten solle. Es bedarf keiner Begründung, daß das, was hier äußerlich getrennt auftritt, nicht auch juristisch getrennt behandelt werden darf. Eigenthumsübertragung und Rückfallsbestimmung schließen sich nothwendig zur bedingten Eigenthumübertragung zusammen. Unterliegt aber die bedingte Eigenthumsübertragung einem Verbot, so kann nicht das Zusammengehörige wieder auseinandergerissen, die Eigenthumsübertragung auf den Gläubiger für giltig, die Rückfallsanordnung für ungiltig erklärt werden. Hier liegt die Frage nahe, ob es nicht angeht, die Eigenthumsübertragung auf den Gläubiger für wirksam zu halten, wenn man zugleich ihn als verpflichtet behandelt, die Sache bei Empfang des Betrags seiner Forderung zurückzugeben. Es wird kaum einem Zweifel unterliegen, daß eine solche Conversion des Rechtsgeschäfts den Schuldner schädigen und dem Willen der Contrahenten widersprechen würde. Aber auch wenn dies anders wäre, wenn der Schuldner eventuell den Willen hegte, dem Gläubiger das Eigenthum der beweglichen Sache mit der (obligatorischen) Verpflichtung zu übertragen, das Eigenthum bei Zahlung der Schuld zurückzuübertragen, würden wir nur vor die weitere Frage gestellt sein, ob nicht auch dieser Vertrag den pfandrechtlichen Verboten der lex commissoria und der Mobiliarhypothek unterliegt. Dies ist die Frage, die uns im Folgenden beschäftigen wird.

II. Theil.
Die fiduciarischen Eigenthums-
übertragungen.

§ 13.
Die fiduciarischen Eigenthumsübertragungen im Allgemeinen.

Unter dem Namen „fiduciarische Geschäfte" hat zuerst
Regelsberger [91]) eine Gruppe von Verträgen zusammengefaßt,
die im Rechtsleben der Gegenwart nicht selten vorkommen und
in der Praxis der Gerichte verschiedenartiger Beurtheilung begegnen.

A. wünscht, ehe er sich auf eine weite Reise begiebt, sein
Mobiliarvermögen dem B., seinem Freunde, zu übergeben, damit dieser es bis zu seiner Rückkehr bewahre und sein Interesse
nach allen Richtungen hin wahrnehme. Statt dem Freunde
eine Vollmacht zu ertheilen, welche er nicht so umfassend aus-
stellen zu können glaubt, daß für alle möglichen Fälle gesorgt
wäre, überträgt A. dem B. sein ganzes bewegliches Vermögen
zu Eigenthum, und dieser übernimmt dagegen die Verpflichtung,
das Vermögen dem A., wenn dieser wieder heimkehrt und es
zurückfordert, zurückzustellen.

Ein anderes Beispiel liefert uns ein römischer Jurist [92]):
Iulianus libro undecimo digestorum scribit, si tibi
areae meae dominium dedero, ut insula aedificata partem

---

91) Arch. f. civ. Pr. LXIII, S. 173.
92) fr. 13 § 1 de praescr. verb. 19,5 (Ulpian. ad Sabinum).

mihi reddas, neque emptionem esse, quia pretii loco partem rei meae recipio, neque mandatum, quia non est
gratuitum, neque societatem, quia nemo societatem con-
trahendo rei suae dominus esse desinit. Sed si puerum
docendum vel pecus pascendum tibi dedero vel puerum
nutriendum ita, ut, si post certos annos venisset, pretium
inter nos communicaretur, abhorrere haec ab area eo,
quod hic dominus esse non desinit qui prius fuit: com-
petit igitur pro socio actio. Sed si forte puerum dominii
tui fecero, idem se quod in area dicturum, quia dominium desinit ad primum dominum pertinere. Quid
ergo est? ....

Im Wechſelverkehr ſind die Procura-Indoſſamente verhältnißmäßig ſelten. Will der Wechſelinhaber den Wechſel durch
einen Anderen einkaſſiren laſſen, ſo indoſſirt er ihn an denſelben
mit der Verpflichtung, den eingegangenen Betrag herauszugeben.

Das Characteriſtiſche dieſer Fälle beſteht [93] in einem
Mißverhältniß zwiſchen Zweck und Mittel. Statt daß Jeman-
dem eine bewegliche Sache zur Detention gegeben wird, damit
er als Depoſitar oder Mandatar die Sache verwahre oder be-
handle, ſtatt daß in dem Fall des fr. 13 § 1 cit. das Grund-
ſtück dem Architecten zur Erbauung eines Hauſes eingeräumt
wird, beliebt es den Parteien, zur Erreichung der Zwecke eines
Depoſitums, eines Mandats, einer Werkverdingung u. dergl.
Eigenthum übergehen zu laſſen unter der Verpflichtung, das
Eigenthum nach Erreichung des Zwecks zurückgelangen zu laſſen.

Aus den angeführten Worten Julians geht nicht bloß
hervor, daß ein ſolches Rechtsverhältniß auch dem römiſchen
Juriſten Bedenken wachgerufen hat, ſondern auch, daß er ſich
geſcheut hat, ihm den Namen des Geſchäfts beizulegen, deſſen
Zweck die Contrahenten verfolgen [94]. Es entſpricht durchaus

93) Regelsberger, a. a. O.
94) Vgl. fr. 46 de R. J. 50,17, welches ausſpricht, daß es weder
Pfand noch Depoſitum noch Miethe u. ſ. w. an eigener Sache gebe. Uebrigens ſtand dieſe Stelle (Ulpian. XXX ad ed.) in einer Beſprechung der fiducia, vergl. Lenel, Sav. Zeitſchr. f. R.G. III, S. 104 ff., 177 ff.

der Auffassung Julians, wenn B. W. Leist[95]) ausführt, daß man nicht einen Anderen zugleich zum Depositar oder Manda= tar und zum Eigenthümer machen könne.

Ist es aber unmöglich, Eigenthümer und gleichzeitig De= positar oder Mandatar zu sein, ist eine actio depositi oder mandati directa gegen den Eigenthümer der Sache undenkbar, so liegt der Versuch nahe, die Zwitterstellung unserer Geschäfte dadurch aufzuheben, daß man entweder die Eigenthumsüber= tragung oder die Vereinbarung, daß der neue Eigenthümer nur wie ein Mandatar oder Depositar auftreten solle, für un= wirksam erklärt.

Gewöhnlich ist der erstere Weg einzuschlagen.

Vielfach ist behauptet worden, daß die Erklärungen der Eigenthumsübertragung und des Eigenthumsempfanges in solchen Fällen als simulirt betrachtet werden müßten. Diese in der heutigen Praxis noch weit verbreitete Anschauung, welche „unter den Begriff der „Simulation" jede Incongruenz des ge= wollten materiellen Verhältnisses und der durch den Erklärungsact begründeten wie gewollten Rechtswirkung stellt und darum die Einrede des Incassomandats meist als Simulationseinrede auf= faßt"[96]), und damit das Erforderniß der causa bei der Eigen= thumsübertragung durch eine Hinterthür wieder einführt, darf nach den Ausführungen des Reichsoberhandelsgerichts, Kohler's[97]), Regelsberger's[98]), Hellwig's[99]) und Bähr's[100]) als irrig be= zeichnet werden. Gewiß wünscht der Tradent oder Indossant, daß der Eigenthümer der Sache (des Wechsels) von der ihm

95) Mancipation u. Eigenthumstradition (1865), S. 243 ff.

96) Entsch. d. Reichsoberhandelsgerichts VI, S. 10.

97) Studien über die Mentalreservation und Simulation, in Jahrb. f. Dogm. XVI (1878), S. 91 ff., insb. S. 149 ff.

98) a. a. O. (1880), S. 170 ff., und in Endemann's Handbuch d. Handelsrechts II (1882), S. 409 ff.

99) Ueber die Zulässigkeit der Eigenthumsübertragungen zur Sicherung einer Forderung, im Arch. f. civ. Pr. LXIV (1881), S. 369 ff., insbef. S. 375 ff.

100) Urtheile des Reichsgerichts mit Besprechungen (1889), S. 52 ff., vgl. auch Wendt, Pand., S. 600, Anm.

ertheilten Befugniß nur in den Grenzen Gebrauch mache, welche den Depositar oder Mandatar einschränken; dieser Wunsch beeinträchtigt aber nicht den Willen, dem Empfänger weiter-gehende Befugnisse beizulegen, als sie ein Mandatar oder De-positar hat.

Auf einen anderen Weg, die Eigenthumsübertragung bei den Geschäften unserer Gattung zu eliminiren, könnte die Aus-drucksweise des Art. 36 der Wechselordnung führen. Derselbe besagt nicht, daß der Inhaber eines Wechsels, dessen Indossamente eine zusammenhängende, bis auf ihn heruntergehende Reihe bilden, Eigenthümer desselben sei, sondern daß er „als Eigen-thümer legitimirt" sei. Man ist versucht, zu vermuthen, daß damit gesagt sein soll, der Indossant sei gegenüber Dritten, welchen er als Wechselinhaber entgegentritt, als Eigenthümer anzusehen, nicht aber gegenüber dem Indossanten, von dem er seine Legitimation herleitet. Der Art. 74 der Wechselordnung ist geeignet, den Zweifel daran, ob der Indossatar in jedem Fall Eigenthümer des Wechsels wird, zu verstärken. Bei der Tradition auf der Grundlage des Mandats- oder Depositions-willens — so kann man sagen — ist es nicht anders. Der Wille des Tradenten, welcher erklärt, Eigenthum zu übertragen, ist nur darauf gerichtet, den Empfänger gegenüber Dritten als Eigenthümer zu legitimiren, m. a. W., ihn zu allen Handlungen zu bevollmächtigen, welche der Eigenthümer vornehmen kann. In Wahrheit wird also das Eigenthum gar nicht von dem Tradenten auf den Empfänger übertragen; Dritte aber müssen letzteren als Eigenthümer respectiren.

Diese Construction wäre im Stande, eine Unbilligkeit zu beseitigen, welche sich bei dem Festhalten an dem Eigenthum des Empfängers in dem Fall ergiebt, daß dieser in Konkurs verfällt oder daß die Sache gegen ihn gepfändet wird.

Findet der Konkursverwalter einen auf den Gemeinschuld-ner indossirten Wechsel oder eine demselben zu Eigenthum tra-dirte Sache vor, so fragt es sich, ob er diese Stücke zur Kon-kursmasse ziehen darf und muß, auch wenn er mit dem Tradenten oder Indossanten darüber einverstanden ist, daß die

Tradition oder das Indossament nur zu dem Zwecke erfolgt ist, damit der jetzige Tribar als Mandatar oder Depositar des Tradenten oder Indossanten auftrete.

Wie sehr das Rechtsgefühl dahin drängt, dem Tradenten oder Indossanten in diesem Falle ein Aussonderungsrecht zu gewähren, beweist am besten, daß bei Berathung der Konkurs- ordnung die Reichstagskommission mit den Regierungsvertretern sich darin einig erklärt hat, daß der (Voll-)Indossant, auch ohne daß es einer besonderen gesetzlichen Bestimmung bedürfte, zur Aussonderung berechtigt sei, sofern das Ordrepapier dem Gemeinschuldner lediglich zur Einziehung oder zu seiner Sicher- stellung übergeben war [101]).

Allein, so bedauerlich es sein mag, daß der Indossant und der Tradent schwer geschädigt werden, wenn ihnen ein Aussonderungsrecht nicht, wie auch die Motive zur Kon- kursordnung als selbstverständlich annehmen, zusteht, so wird man doch nicht vergessen dürfen, daß sie sich selbst in Gefahr begeben haben, indem sie anderer Vortheile wegen das über ihren Zweck hinaus wirkende Mittel der Eigenthumsüber- tragung wählten [102]).

Die obige Argumentation wenigstens vermag ein Ab- sonderungsrecht des fiduciarischen Tradenten oder Indossanten nicht zu begründen. Es wäre nicht undenkbar, daß eine Gesetz- gebung zwischen der Stellung des Eigenthümers und der Stel- lung des als Eigenthümer Legitimirten unterschiede; aber sie würde damit ein Institut ins Leben rufen, das uns, wenn man nicht etwa Tigerström's procuratorisches Eigenthum des Che- manns an der dos heranziehen will, fremd ist, die Stellver- tretung im Eigenthum.

Einstweilen ist eine Eigenthumsübertragung, welche gegen- über Dritten volle Wirkung übt, gegenüber dem Tradenten

---

101) Vgl. Kohler, Noch einmal über Mentalreservation u. Simulation. Jahrb. f. Dogm. XVI, S. 325 ff., insbes. S. 351 ff.
102) Regelsberger, Arch. f. civ. Pr., a. a. O., S. 187, S. A. VII, Nr. 349.

aber unter Umständen wirkungslos ist, unstatthaft. Wollen die Contrahenten eine solche Scheidung, so ist deshalb das Geschäft nicht als simulirt und mithin als nichtig zu betrachten. Dies wäre nur dann der Fall, wenn die Vertragschließenden vereinbarten, daß die Eigenthumsübertragung ihre beiderseitige Rechtsstellung in Wahrheit unverändert lassen solle. Da hier aber der Tradent den Empfänger wirklich zum Eigenthümer machen will, damit auf diese Weise die Ertheilung besonderer Vollmachten erspart werde, muß der Veräußerer in den Kauf nehmen, daß der Empfänger nun in jeder Beziehung Eigenthümer wird.

Der Vorschlag Kohler's[103]), dem Indossanten-Tradenten nach dem Muster römischer Juristen eine rei vindicatio utilis zu gewähren, läuft, falls er nicht eine Verleugnung des Grundsatzes enthält, daß die moderne actio der Ausfluß eines Rechtes sein muß, kaum auf etwas anderes hinaus als auf die Unterscheidung zwischen Eigenthum und Legitimation als Eigenthümer und ist im Uebrigen schon von Regelsberger zutreffend zurückgewiesen.

Ist hiernach daran festzuhalten, daß derjenige, welchem zur Ausführung eines Mandats oder zur Hinterlegung oder zu einem ähnlichen Zweck Eigenthum übertragen wird, wirklich Eigenthum erhält und dem Tradenten oder Indossanten keinesfalls ein dinglicher Anspruch zusteht, so könnte man, ausgehend von der Anschauung, daß ein Auftrags- oder Hinterlegungsverhältniß mit der Eigenthumsübertragung unvereinbar ist, zu der Behauptung gelangen, daß zwischen den Parteien ein obligatorisches Vertragsverhältniß überhaupt nicht entstehe. Haben die Parteien in der Eigenthumsübertragung ein Mittel gewählt, welches die Erreichung ihres Zieles ausschließt, haben sie sich in dem Mittel vergriffen, so scheint der Tradent-Indossant sich gegenüber dem Empfänger nur der condictio sine causa bedienen zu können. Daß letzterer durch die Eigenthumsübertragung, die in der vereitelten Absicht vorgenommen wurde,

damit den Zwecken eines Mandats oder Depositums zu genügen, grundlos bereichert ist, steht ja außer Zweifel.

Danach hätte der Indossant, solange der Wechsel noch
nicht einkassirt ist, einen Anspruch auf Herausgabe desselben,
nach der Einkassirung aber einen Anspruch auf Erstattung der
Bereicherung. Vernichtet der Empfänger den Wechsel, so wäre
dem Indossanten das Recht gegeben, wegen des dolus oder
der culpa des Indossatars unter Umständen auf Schadensersatz zu klagen [104]). Ob man aber aus fr. 38 § 1 de
usuris 22, 1 schließen darf, daß dem Indossanten auch dann
ein Entschädigungsanspruch mittels der Condiction gegeben sei,
wenn der Indossatar die rechtzeitige Präsentation und Protest-
erhebung versäumt, oder wenn die Erben des Indossatars in
Unkenntniß der Vereinbarungen ihres Erblassers und des Indossanten den Wechsel, ohne die Valuta empfangen zu haben,
weiter indossirten, erscheint zweifelhaft [105]).

Glücklicherweise ist es aber nicht bloß die Condiction,
welche dem fiduciarischen Tradenten oder Indossanten Hilfe zu
verschaffen vermag. Nicht sie ist es, auf welche Julian und
Ulpian in fr. 13 § 1 de praescr. verb. denjenigen verweisen,
welcher dem Baumeister sein Grundstück mit der Verpflichtung
zu Eigenthum übergeben hat, nach Erbauung eines Hauses
einen Theil des Grundstückes zurückzugeben. Vielmehr wird auf
die Frage: quid ergo est? geantwortet: in factum putat
actionem Iulianus dandam id est praescriptis verbis.

Für das heutige Recht kommt nicht viel darauf an, ob
der Vertrag als unbenannter Realcontract, die aus ihm entspringende Klage als actio praescriptis verbis bezeichnet wird.

Von großer Bedeutung aber ist, daß troß der Eigenthumsübertragung ein Vertragsverhältniß zu Stande kommt, das
seine Regelung allein durch den Willen und die Absichten der
Contrahenten empfängt. Da dieselben die Zwecke eines Mandats, eines Depositums u. dergl. verfolgen, so werden im Au-

---

104) Vgl. Windscheid, Pand." II, § 424, N. 3.
105) Vgl. Pernice, Labeo II, S. 278.

gemeinen die Regeln dieser Geschäfte analoge Anwendung finden dürfen. Dennoch wird es gut sein, eine Eigenthumsübertragung zu Mandats- oder Hinterlegungszwecken nicht schlechthin als einen Mandats- oder Hinterlegungsvertrag zu bezeichnen. Denn indem die Parteien sowohl ein Mandat oder Depositum als eine Eigenthumsübertragung wollen, können sie z. B. hinsichtlich der Verhaftung für Nachlässigkeit und Tragung der Gefahr andere Grundsätze als maßgebend hinstellen als diejenigen, welche für das Mandat oder Depositum bestehen.

§ 14.
Die fiduciarischen Eigenthumsübertragungen zur Sicherung von Forderungen.

Uebereignet ein Schuldner seinem Gläubiger eine bewegliche Sache unter der Vereinbarung, daß bei Tilgung der Schuld die Sache zurückgegeben werden, anderenfalls aber der Gläubiger befugt sein solle, sich durch Verkauf der Sache zu befriedigen, so entsteht ein dem Pfandrecht ähnliches Rechtsverhältniß, nicht aber ein Pfandrecht selbst. Der Gläubiger ist Eigenthümer, und zwar ohne daß sein Eigenthum durch ein „Anrecht" des Schuldners beschränkt wäre. Verpfändet der Gläubiger die Sache, so besteht dieses Pfandrecht unverändert fort, auch wenn die Schuld getilgt wird. Von einer obligatio rei, einer dinglichen Gebundenheit ist also keine Rede. Der Schuldner hat lediglich einen obligatorischen Anspruch auf Rückempfang der Sache nach der Tilgung der Schuld und auf Herauszahlung des bei einem Verkauf durch den Gläubiger gewonnenen Mehrerlöses. Wie weit die pfandrechtlichen Normen, welche einen Niederschlag des gewöhnlichen Vertragswillens bilden, analoge Anwendung finden können, ist nur im Einzelfalle zu entscheiden.

Eine Ausnahme bilden aber auch hier die pfandrechtlichen Verbote.

Die Verbote der Mobiliarhypothek und der lex commissoria ergreifen, wie wir sahen, nicht allein das Pfandrecht im

Ganzen, sondern auch seine wesentlichen Bestandtheile. Die Eigenthumsübertragung unter der dinglich wirkenden Bedingung, daß eine Schuld nicht getilgt werde, als den wesentlichsten Theil des Pfandgeschäfts zu erkennen, war nicht schwer, da jene Bedingung eine obligatio rei zur Folge hat, nach den verschiedenen Arten der Bedingung mehr oder weniger ähnlich derjenigen, welche seit Alters als der Kern des Pfandrechts betrachtet wird. Die Uebereinstimmung der wesentlichsten Rechtswirkungen wies genugsam auf den organischen Zusammenhang zwischen der Verpfändung und der bedingten Eigenthumsübertragung nisi solutum sit im engeren Sinne hin. Bei der Eigenthumsübertragung unter der gleichen, aber lediglich obligatorisch wirkenden Bedingung fehlt die dingliche Gebundenheit der Sache, und wer in ihr allein das Wesen des Pfandrechts sieht, kann auf die fiduciarische Eigenthumsübertragung zur Sicherung einer Forderung jene Verbote nicht anwenden. Anders, wer erkennt, daß für die beiden pfandrechtlichen Verbote als Kern des Pfandrechts die Eigenthumsübertragung, welche von der Nichtzahlung der Schuld abhängig gemacht ist, zu betrachten ist.

Wenn Jemand für den Fall, daß er seine Schuld nicht zahle, eine Sache für den Betrag der Schuld an den Gläubiger verkauft, ohne sie zugleich zu Eigenthum zu übergeben, so findet weder das Verbot der Mobiliarhypothek noch das Verbot der lex commissoria Anwendung. Auch dieser Vertrag verfolgt den Zweck einer Verpfändung, auch er will dem Gläubiger eine Sache anweisen, durch welche er sich für seine Forderung Befriedigung verschaffen könne. Der Grund, aus dem ein Vertrag dieser Art und nicht ein Pfandvertrag abgeschlossen wird, ist häufig kein anderer als die Rücksicht auf das Verbot der Mobiliarhypothek. Sollte die Sache dem Gläubiger verpfändet werden, so müßte der Besitz derselben, welcher dem Schuldner einstweilen unentbehrlich ist, übertragen werden. Um dies zu vermeiden, wird der bedingte Verkauf gewählt, welcher dem Gläubiger wenigstens gegenüber dem Schuldner dieselben Rechte verschafft, wie eine Verpfändung. Zuweilen treten diese Verträge in der Form auf, daß der Schuldner dem Gläubiger das Recht einräumt, wenn die Schuld nicht rechtzeitig getilgt sein werde, eine dem Schuldner gehörige Sache zu verkaufen und den Erlös bis zum Betrage der Forderung an sich zu nehmen, mit der Verpflichtung, den Ueberschuß herauszugeben[106]). Häufiger aber wird die Sache ohne Rücksicht darauf, ob ihr Werth dem Betrage der Forderung entspricht, für diesen Betrag unter der Bedingung nicht rechtzeitig erfolgter Zahlung ver- kauft. Nicht selten veranlaßt den Gläubiger zu einem Vertrage dieser Art der Wunsch, das Verbot der lex commissoria zu umgehen. Dennoch kann es nach fr. 81 de contr. empt. 18, 1 . keinem Zweifel unterliegen, daß dieser Vertrag vollkommen giltig ist.

Dieser Thatsache gegenüber erweist sich die Theorie, welche bei der Beurtheilung unserer Geschäfte von dem Satz ausgeht: quae in fraudem legis excogitata probari possunt, rata haberi non oportere[107]) als unzureichend.

Wenn ein Verkauf einer Sache unter der Bedingung der Nichtzahlung einer Schuld ohne Besitzübertragung auch von Vertretern dieser Theorie für giltig erklärt wird, obwohl der- selbe in der ausgesprochenen Absicht vorgenommen ist, das Verbot der Mobiliarhypothek zu umgehen, so läßt sich das da- mit rechtfertigen, daß dieses Verbot nur zu Gunsten dritter Gläubiger erlassen ist, deren Interessen aber durch einen nur obligatorische Wirkungen ausübenden Vertrag nicht beeinträch- tigt werden. Das Verbot der lex commissoria dagegen hat in erster Linie die Aufgabe, den Schuldner selbst dagegen zu schützen, daß er sich durch das Vertrauen auf seine Fähigkeit, die Schuld rechtzeitig zu tilgen, verleiten lasse, für den Fall, daß die Schuld nicht gezahlt sein werde, eine Sache herzugeben, deren Werth zu dem Betrag der Forderung in einem nicht controlirbaren Verhältniß steht. Trotzdem nun diese ratio legis auch bei den Kaufverträgen unter der Bedingung der Nichtzahlung zutrifft, sind dieselben giltig.

---

106) Vgl. fr. 7 § 2 de C. E. 18,1.
107) fr. 29 § 1 ad SC. Vellei. 16,1.

So nützlich die Theorie, welche die Eigenthumsübertragungen zur Sicherung von Forderungen, sofern sie sich in
Widerspruch gegen die pfandrechtlichen Verbote setzen, als in
fraudem legis vorgenommen verurtheilt, demjenigen ist, welcher, von der Schädlichkeit dieser Geschäfte überzeugt, nach
einem einfachen Mittel zu ihrer Beseitigung sucht, so wenig ist
sie im Stande, der Rechtssprechung eine feste Grundlage zu
bieten.

Es ist nicht zu leugnen, daß die Lehre von der Nichtigkeit
aller Rechtsgeschäfte in fraudem legis etwas Ansprechendes hat.
Wird ein Rechtsgeschäft verboten, weil der durch dasselbe
herbeigeführte Erfolg Mißbilligung verdient, so gilt der Richter
als ermächtigt, unbekümmert um den Buchstaben des Gesetzes,
auch Verträge anderer Art zu reprobiren, welche den gleichen
Erfolg zu erzielen bestimmt sind. Der Gesetzgeber — so sagt
man — ist häufig nicht im Stande, alle Wege zu dem ver-
botenen Ziel zu verbauen, welche der Verkehr ausfindig machen
kann; es genügt, daß das Gesetz in der Absicht, die Erreichung
eines gewissen Zieles zu verhindern, den zu denselben führenden
Hauptweg sperrt, um dem Richter die Freiheit zu verschaffen,
auch alle Umwege, auf welchen sich jenes Ziel erreichen läßt,
abzuschneiden.

Diese Theorie würde der warmen Empfehlung Kohler's,
Hellwig's und Bähr's würdig sein, wenn nur der Satz der
Canonischen Rechtsbücher [108]) unter allen Umständen wahr
wäre: cum quid una via prohibetur alicui, ad id alia non
debet admitti. Schwerlich wird anzunehmen sein, daß damit
eine allgemeingiltige Rechtsvorschrift hat gegeben werden sollen;
der Satz enthält vielmehr lediglich einen Hinweis auf eine an-
gebliche Rechtswahrheit. Wir sind also diesem Satze gegenüber
berechtigt und verpflichtet, die Grenzen seiner Berechtigung auf-
zusuchen. Nun kann allerdings ein Gesetz, welches eine bestimmte Rechtshandlung verbietet, deutlich erkennen lassen, daß
das Verbot deshalb ergeht, weil der durch die Handlung er-

---

108) c. 84 de R. J. in VI°, 5,13.

zielte Erfolg schlechthin ausgeschloſſen ſein ſoll. In dieſem
Falle iſt der Richter gemeinrechtlich auch ohne beſondere Ermächtigung des Geſetzes, wie ſie in Rom zuweilen vorkam,
befugt, Rechtshandlungen anderer Art als der vom Geſetz bezeichneten für nichtig zu erklären, ſofern durch dieſelben das
vom Geſetz mißbilligte Ziel erſtrebt wird. Allein es kommt
auch vor, daß ein Geſetz zwar einen gewiſſen Erfolg mißbilligt,
dennoch aber nur den zu demſelben führenden Hauptweg ver-
legen will. Der Wunſch, daß der Entwurf des bürgerlichen
Geſetzbuchs im Ganzen zum Geſetz werden möchte, mag es
erlaubt erſcheinen laſſen, ihm ein Beiſpiel dieſer Art von Ge-
ſetzen zu entnehmen. Nach dem Entwurf [109]) ſoll der Ehemann
während beſtehender Gütergemeinſchaft zum Geſammtgut gehörige Grundſtücke nur mit Einwilligung der Ehefrau veräußern und belaſten dürfen. Dieſe Ausnahme von dem Prinzip
der dem Ehemann am Geſammtgut zuſtehenden freien Dispo-
ſition wird in den Motiven [110]) damit begründet, daß die
Veräußerung des Grundbeſitzes in großen und wichtigen Kreiſen
der Bevölkerung eine beſonders tiefeingreifende Wirkung auf
die Lebensverhältniſſe der ganzen Familie habe, daß eine für
die Ehefrau und die Kinder ſo wichtige Lebensveränderung dem
Ehemann nicht ohne die Einwilligung der Ehefrau geſtattet
werden könne. Kein Zweifel alſo, daß die Entfremdung des
Grundbeſitzes durch den Ehemann ohne Zuſtimmung der Ehefrau mißbilligt wird. Nun kann aber dieſes Reſultat auch
dadurch erreicht werden, daß der Ehemann ein Darlehn aufnimmt, und der Gläubiger wegen ſeiner Forderung ein Grund-
ſtück im Wege der Zwangsvollſtreckung zur Verſteigerung bringt
oder mit einer Sicherungshypothek belaſtet. Es iſt möglich,
daß die Vertragſchließenden bei der Hingabe des Darlehns
dieſen Ausgang vor Augen haben und beabſichtigen. Dennoch
hat die von dem Bundesrathe berufene Kommiſſion, wie die
Motive erkennen laſſen, nicht gewollt, daß auch dieſer, von ihr

109) § 1353.
110) IV, S. 363.

wohl beachtete Weg zu dem mißbilligten Ziel verschlossen sein sollte. Die Entfremdung von Immobilien durch Handlungen des Ehemannes in Verbindung mit der Zwangsvollstreckung wird als unvermeidlich bezeichnet, und die Motive bemerken: „Praktisch ist immer noch ein erheblicher Unterschied vorhanden, wenn man dem Ehemanne die einseitige directe Veräußerung der Immobilien versagt. Die Zwecke, welche der Ehemann bei der directen Veräußerung verfolgt, wird derselbe auf dem indirecten Wege des Schuldenmachens nur selten erreichen und es ist um so weniger zu besorgen, daß der Ehemann diesen Umweg betreten wird, als dieses Mittel über den Zweck jeden= falls weit hinausgeht."

Zwischen dem Fall, daß ein Gesetz erkennen läßt, es solle die Erreichung eines gewissen Erfolges nicht bloß auf dem ausdrücklich angegebenen Hauptweg, sondern auch auf jedem Umwege ausgeschlossen sein, und dem Fall, in welchem sich der entgegengesetzte Wille des Gesetzgebers feststellen läßt, steht der häufige Fall, daß weder das Eine noch das Andere zu er= mitteln ist, weil der Gesetzgeber an den Umweg, welchen der Verkehr gegenüber seinem Verbot einschlägt, überhaupt nicht gedacht hat. Eine Präsumption dafür, daß der Gesetzgeber hier auch den Umweg ausgeschlossen haben würde, wenn er ihn beachtet hätte, läßt sich nicht begründen. Bedenklich würde es sein, wollte der Richter darüber urtheilen, welchen Willen der Gesetzgeber gehabt haben würde, wenn er dazu gelangt wäre, über die Zulassung oder Abschneidung des Umwegs einen Entschluß zu fassen [111]). Der Richter würde sich dadurch selbst zum Gesetzgeber machen.

---

111) Der Klage Bähr's (Krit. Vierteljahrsschrift XXX, S. 350 f.), daß die Rechtssprechung „eine geistige Stufe herabsteigen" würde, wenn der Entwurf ohne eine Bestimmung über die Unzulässigkeit der Geschäfte in fraudem legis Gesetz werde, dürfte danach nicht beizustimmen sein. Will ein Gesetz einen gewissen Erfolg schlechtweg ausschließen, so muß es dies sagen und darf nicht bloß den wichtigsten zu dem Ziel führenden Weg ver= sperren. Verbietet ein Gesetz nur einen Weg zu einem mißbilligten Ziel, während an andere, zu demselben Ziel führende Umwege nicht gedacht wird,

Aehnliche Erwägungen treten denn auch in der neueren Judicatur über die Eigenthumsübertragungen zur Sicherung von Forderungen zu Tage. Nachdem der III. Civilsenat des Reichsgerichts sich verschiedentlich [112]) aus Gründen, die freilich nicht scharf zwischen Geschäften in fraudem legis und simulirten Geschäften unterscheiden, gegen die Giltigkeit von Eigenthumsübertragungen, welche das Verbot der Mobiliarhypothek zu umgehen bestimmt waren, erklärt und insbesondere hinsichtlich des oben S. 4 mitgetheilten Falles erkannt hatte, daß derselbe gegen den § 12 des Gesetzes vom 29. Mai 1873 über das Grundbuchwesen im Bezirke des Appellationsgerichts zu Kassel [113]) verstoße, hat der I. Civilsenat im Jahre 1885 in einem Erkenntniß, welches die Abhandlungen von Bähr und Hellwig citirt, einen Vertrag derselben Art aus folgenden Gründen als giltig anerkannt: „Der § 3 der (mecklenburg-schwerinschen) Ausführungsverordnung zur Konkursordnung [114]) betrifft nur die Entstehung des Pfandrechtes, nicht den Erwerb des Eigenthums. Auch der auf das constitutum possessorium bezügliche zweite Absatz desselben betrifft nur das Pfandrecht. Ein Verbot, das Eigenthum durch eine mittels constitutum possessorium bewirkte Uebergabe zu übertragen, ist darin weder überhaupt noch auch nur hinsichtlich der Eigenthumsübertragung zum Zweck der Sicherstellung von

---

so kann der Satz, daß Handlungen in fraudem legis unzulässig sind, nicht helfen. Läßt sich nicht constatiren, daß das Gesetz alle Wege zum Ziel hat sperren wollen, so ist der Umweg gestattet.

112) E.R.G. II, S. 173 u. 176, Anm.

113) Dieser § lautet: Die Bestellung einer Hypothek am ganzen Vermögen, sowie die Bestellung einer Hypothek an beweglichen Sachen, einschließlich der Forderungen, ist fortan unzulässig.

114) Dieser § bestimmt, daß an beweglichen Sachen, soweit nicht die Reichsgesetze etwas anderes festsetzen, ein Pfandrecht nur durch Bestellung eines Faustpfandes entsteht, und daß auf das Faustpfandrecht die Bestimmung des Einführungsgesetzes zur Konk.O. § 14, Abs. 1 Anwendung findet, nach welcher Faustpfandrechte im Sinne des § 40 K.O. an körperlichen Sachen nur bestehen, wenn der Pfandgläubiger oder ein Dritter für ihn den Gewahrsam der Sache erlangt und behalten hat.

Gläubigern enthalten. Daß die Absicht des Gesetzgebers über den Wortlaut der Verordnung hinaus auch dahin gegangen sei, die Uebertragung des Eigenthumes, wenn sie zu dem gedachten Zwecke geschieht, der Verpfändung in Ansehung des constitutum possessorium gleichzustellen, ist nicht anzunehmen. Wäre dies beabsichtigt gewesen, so würde dies ohne Zweifel in der Verordnung zum Ausdruck gebracht worden sein, zumal da die Sicherstellung von Gläubigern durch Eigenthumsübertragung gerade in Mecklenburg im Verkehre üblich und von der Rechtssprechung anerkannt war. In der vom Beklagten behaupteten Sicherstellung des Klägers mittels constitutum possessorium kann daher eine Umgehung des angeführten § 3 im Sinne von l. 29. l. 30 D. de legibus 1, 3 nicht gefunden werden. Ob das auf solche Weise erworbene Eigentum gegenüber anderen Gläubigern des Veräußerers, insbesondere mittels Aussonderungsrechtes im Konkurse desselben oder mittels Intervention im Zwangsvollstreckungsverfahren, geltend gemacht werden könnte, steht hier nicht in Frage, da es sich um die Klage gegen den Veräußerer auf Herausgabe der veräußerten Gegenstände handelt"[105]).

Der I. Civilsenat hat es in diesem Falle nicht unterlassen, die Frage aufzuwerfen, ob sein Erkenntniß nicht in Widerspruch zu der angeführten Entscheidung des III. Senats trete, und deshalb das Urtheil nach § 137 des Gerichtsverfassungsgesetzes den vereinigten Civilsenaten zu überlassen sei. Diese Frage ist nicht, wie man nach dem letzten Satz des Erkenntnisses annehmen könnte, deshalb verneint, weil es sich in dem Fall des III. Senats um eine Pfändungsintervention, hier dagegen um einen Prozeß zwischen den Vertragschließenden selbst handelt. Vielmehr gründet sich die verneinende Antwort darauf, daß es sich nicht um eine Abweichung von der Entscheidung eines anderen Civilsenats hinsichtlich einer Rechtsfrage handle, da der III. Senat die Unwirksamkeit des Vertrages aus dem Inhalt desselben und den Umständen des einzelnen Falles ableite, aus

---

115) E.R.G. XIII, S. 200 ff.

welchen gefolgert werde, daß der Wille der Vertragschließenden nicht auf Eigenthumsübertragung gerichtet war. Es mag zwei= felhaft erscheinen, ob letzteres richtig ist; denn, genau genommmen, bemüht sich der III. Senat in der bezeichneten, wie in einigen anderen Entscheidungen [116]) lediglich, nachzuweisen, daß die Vertragschließenden kein Kaufgeschäft, nicht auch, daß sie keine Eigenthumsübertragung gewollt haben. Nur eines dieser Er= kenntnisse [117]) enthält in dieser Beziehung folgenden, recht be= denklichen Satz: .... „wenn auch unzweifelhaft der überein= stimmende Wille, Eigenthum zu übertragen und zu erwerben, es ist, durch den die Tradition sich zu einem den Eigenthums= übergang vollziehenden Rechtsakt gestaltet, so darf dies doch nicht in dem Sinne aufgefaßt werden, als wenn es bei Ver= trägen, in welchen der Wille, Eigenthum zu übertragen und zu erwerben, ausdrücklich erklärt wird, nicht darauf ankomme, ob das der Willenserklärung zu Grunde liegende Rechtsgeschäft rechtsverbindlich ist oder nicht, und ob mit solcher Willenserklä= rung der übrige Inhalt des Vertrages in Einklang steht oder nicht".

Uns interessirt vor allem, daß weder der III. noch der I. Senat darauf Rücksicht genommen hat, daß in dem einen Fall des III. Senats [118]) eine mit dinglicher Wirkung ausgestattete bedingte Eigenthumsübertragung, in allen übrigen zur Cognition des Reichsgerichts gekommenen Fällen eine bedingte Eigen= thumsübertragung mit obligatorischer Wirkung (fiduciarische Eigenthumsübertragung) vorlag.

Man wird die in der vorliegenden Abhandlung durchge= führte Scheidung der bedingten und fiduciarischen Eigenthums= übertragungen nicht deshalb überflüssig finden, weil auch wir hinsichtlich beider Klassen zu demselben Ergebniß gelangen.

Die Kraft und das Wesen des Pfandrechts beruht darin, daß es unter der Bedingung der Nichtzahlung einer Schuld Eigenthum übergehen läßt. Ob diese Bedingung eine auf= schiebende oder auflösende ist, ist unwesentlich; ebenso aber ist

---

116) S. A. XXXVI, Nr. 8, 99, 100.
117) a. a. O., Nr. 8.
118) E.R.G. II, S. 173, oben S. 91.

es auch unwesentlich, ob die Bedingung dingliche oder nur obligatorische Wirkungen ausübt. Ist letzteres der Fall, so entsteht zwar das Pfandrecht als Ganzes nicht; von einem Pfandrecht sollte man im heutigen Recht, welches auch auf diesem Gebiet immer noch auf der Grundlage des recipirten römischen Rechts ruht, nur sprechen, wenn eine obligatio rei vorliegt, und zwar die obligatio rei, welche sich als ein be= sonderes dingliches Recht mit eigenen Regeln entwickelt hat. Der wesentlichste Theil des Pfandrechts, die von der Nichtzah= lung einer Schuld abhängig gemachte Uebereignung, ist aber auch hier vorhanden. Dieser wesentlichste Bestandtheil des Pfandrechts wird, auch wenn er allein oder in Verbindung mit fremden Elementen erscheint, durch jedes Verbot betroffen, welches das Pfandrecht als Ganzes beherrscht. Darum ist es unzulässig, eine bewegliche Sache unter der dinglich oder obli= gatorisch wirkenden Bedingung zu Eigenthum zu übertragen, daß eine Schuld nicht getilgt werde, ohne daß dem Empfänger der Besitz der Sache überlassen und dem Tradenten das Recht eingeräumt würde, den bei einem Verkauf der Sache gewon= nenen Mehrerlös zurückzufordern.

Daß die römischen Juristen der Zeit, in welcher das alte, zu einer directen Befriedigung des Gläubigers nicht führende pignus ebenso als ein Ausnahmefall erschien wie heutzutage die Verpfändung von Pässen und Legitimationspapieren, als den Kern des Pfandrechts die Befugniß des Gläubigers an= sahen, durch Eigenthumserwerb oder durch Eigenthumsüber= tragung an einen Käufer sich Befriedigung der Forderung zu verschaffen, beweist die Stellung, welche sie der ‚fiducia pignoris iure' [119]) einräumten. Bei dieser entsteht ebensowenig wie bei unseren bedingten oder fiduciarischen (obligatorisch bedingten) Eigenthumsübertragungen das besondere dingliche Recht, an welches sich die Namen pignus und hypotheca und bei uns die allgemeine Bezeichnung „Pfandrecht" knüpfen; dennoch finden wir die fiducia im engsten Zusammenhang mit den

119) Gai. II. 60.

Pfandrechten entwickelt und behandelt, und die römischen Schriftsteller haben sicherlich bei freierem Sprachgebrauch ebenso häufig
die fiduciae causa mancipirte Sache als verpfändet bezeichnet,
wie die attischen Redner die dem Gläubiger „auf Lösung"
(ἐπὶ λύσει) verkaufte Sache.

In der Gegenwart sprechen gerade die Juristen von „verpfänden" und „Pfandrecht" da, wo es sich lediglich um einen
besonderen Fall der fiduciarischen Eigenthumsübertragung zur
Sicherung einer Forderung handelt, nämlich bei dem sogen.
pignus irregulare, insbesondere der Baarcaution.

Neuerdings ist verschiedentlich der Versuch gemacht, das
Object des irregulären Pfandrechts zu entdecken. Man hat sich
nicht dabei beruhigen wollen, daß der Cautionsempfänger an
den Geldstücken oder Werthpapieren ein Pfandrecht habe, die
ihm zu Eigenthum übertragen waren, und deren Identität sich
nicht mehr feststellen läßt. Pfaff [120]) hat deshalb vorgeschlagen,
als Object des Pfandrechts die gegen den Cautionsempfänger
selbst begründete Rückgabeforderung des Cautionsgebers anzusehen; daß diese Auffassung zu bedenklichen Consequenzen führt,
haben bereits Exner [121]) und Hanausek [122]) gezeigt. Exner
nimmt seinerseits „ein Pfandverhältniß an den erlegten Effecten,
aber nicht in specie, sondern in genere", ein pendentes Pfandrecht an dem Geld oder den sonstigen Fungibilien an, welche
der Cautionsempfänger dem Cautionsgeber bei Lösung des
Verhältnisses herausgeben wird. Dieses Eventualpfandrecht
könne der Cautionsempfänger dadurch verwirklichen, daß er die
res debitae dem Verpfänder und Gläubiger solutionis nomine
zur Verfügung stelle, um sie freilich sofort pignoris nomine
einzuziehen. Es ist zweifelhaft, ob Exner dazu wirklich, wie
Hanausek voraussetzt, die Individualisirung der res debitae,
die Absonderung einer gewissen Summe Geldes oder einer gewissen Zahl von Werthpapieren erfordert; denn Exner bemerkt

---

120) Geld als Mittel pfandrechtlicher Sicherstellung (1868), S. 35 ff.
121) Kritik des Pfandrechtsbegriffs (1873), S. 187 ff.
122) Lehre vom uneigentlichen Nießbrauch (1879), S. 165 ff.

ausdrücklich, daß die Rückzahlung und pfandweise Beschlag-
nahme der Caution oder Cautionsquote schon durch die Erklärung an den Cautionsleger ins Werk gesetzt werde: ein
Ersatzanspruch im Betrage von so und so viel liege vor, und
sohin werde von der Caution ebenso viel als verfallen erklärt,
oder aber es werde für vorhandene Ersatzansprüche in noch
unbestimmtem Betrage die ganze Caution zurückgehalten. Nimmt
Exner an, daß „an den gleichsam gezahlten Werthstücken" ein
Faustpfandrecht entstehe, auch ohne daß solche Werthstücke von
dem Cautionsempfänger zwecks der Individualisirung in eine
besondere Schublade gelegt oder in einen besonderen Beutel
gethan wären, so ist Windscheid's [123]) Bemerkung zutreffend,
daß diese Annahme mehr als unnatürlich, daß sie unmöglich
sei, da sie zu einem dinglichen Recht an einer generisch bestimmten Sache führe. Soll dagegen jene Ausscheidung bestimmter Werthstücke nothwendig sein, so hat Hanausek Recht,
wenn er sagt, daß, seit Baarcautionen vorkommen, wohl kaum
jemals ein Cautionsempfänger im Fall des Eintritts der Pfand-
forderung sich durch thatsächliche Individualisirung der res debitae und erst hierauf erfolgte Abrechnung befriedigt haben
dürfte.

Wie Hanausek bemerkt hat, ist gegenüber diesen Con-
structionsversuchen die Auffassung Windscheid's [124]) „von ge-
radezu bestechender Einfachheit". Nach Windscheid „ist der
Pfandgläubiger, wenn er für seine Forderung nicht befriedigt
wird, einfach deswegen nicht verpflichtet zur Rückgabe der ihm
gezahlten Geldsumme, weil der mit ihm abgeschlossene Vertrag
ihn nur für den Fall hat verpflichten wollen, daß er befriedigt
werden sollte. Wird er nicht befriedigt, so ist er ebensowenig
verpflichtet, wie in diesem Fall der Empfänger einer fiducia
verpflichtet war."

Gegen den Einwand Hanausek's, daß der Cautionsbe-
steller, wenn seine Rückforderung durch die Befriedigung des

123) Pand.° I, § 226ª, Anm. 3.
124) a. a. O.

Gläubigers bedingt ift, diefe Thatfache beweifen müffe, damit
aber ihm eine unerträgliche Laft auferlegt werde, ift mit Windfcheid hervorzuheben, daß allerdings der Cautionsbefteller wie
jeder Pfandfchuldner die Tilgung der gegnerifchen Forderung
beweifen muß, wenn er die Caution zurückverlangt; war aber
die Caution für den Fall beftellt, daß dem Gegner eine Forderung z. B. wegen Kaffendefects erwachfen follte, fo muß
Lepterer die Entftehung einer folchen Forderung erweifen, und
dem Cautionsbefteller liegt auch hier nur der Beweis ob, daß
diefe Forderung getilgt fei. Indem Windfcheid an die römifche
fiducia erinnert und an anderer Stelle [125]) ausfpricht, daß zu
den Eigenthumsübertragungen zur Sicherung von Forderungen
namentlich auch der heutzutage häufige Fall der Stellung einer
Caution durch Einzahlung einer Geldfumme gehöre, weift er
dem ‚pignus irregulare‘ die richtige Stelle an.

Wenn nun trotdem Windfcheid das ‚pignus irregulare‘
und damit auch die fonftige Eigenthumsübertragung zur
Sicherung einer Forderung, bei welcher es fich nicht um Zu-
rückgabe von tantundem eiusdem generis, fondern von idem
handelt, ein Pfandrecht nennt, fo thut er es doch nur mit dem
Zufat: „aber freilich kein Pfandrecht an fremder Sache“. Ob
die Bezeichnung der Sicherungsübereignung als Pfandrecht
praktifche Bedeutung hat, mag zweifelhaft erfcheinen; denn die
Frage, inwieweit die pfandrechtlichen Normen auf diefes eigen-
artige Pfandrecht Anwendung zu finden haben, bleibt natürlich
offen. Ob es dogmatifch empfehlenswerth ift, den Gebrauch
des Wortes „Pfandrecht“ nicht auf das dingliche Recht an
fremder Sache zu befchränken, welches diefen Namen lange
Zeit ausfchließlich für fich beanfprucht hat, fondern von einem
Pfandrecht auch da zu fprechen, wo zur Sicherung einer Forderung eine translative, aber bedingte Succeffion herbeigeführt
wird, ift hier nicht zu unterfuchen. Das gewichtigfte Argument
dafür liefert die Thatfache, daß man fich längft daran gewöhnt
hat, von Pfandrechten an Forderungen und Rechten zu reden.

---

125) Band.⁶ I, § 224, Anm. 2.

Immerhin wird man einstweilen vorsichtiger handeln, wenn man von einem Pfandrecht an Sachen nur da spricht, wo ein dingliches Recht an fremden Sachen vorliegt. Jedenfalls aber ist die Erstreckung des Namens „Pfandrecht" auf ein Rechts-verhältniß, welches, obwohl es eine körperliche Sache betrifft, ein dingliches Recht an fremder Sache nicht erzeugt, von großem Interesse, weil sie erkennen läßt, daß das dingliche Recht an fremder Sache, an welches man bei dem Wort Pfandrecht zunächst denkt, nicht als der Kern des Pfandrechts aufgefaßt wird.

Der Kern des Pfandrechts ist vielmehr die Kraft, für den Fall, daß der Schuldner in Verzug kommt, das Eigenthum am Pfand übergehen zu lassen. Weil dieser wesentlichste Bestand-theil, wenn auch in veränderter Gestalt, in der Baarcaution wiederkehrt, unterliegt auch diese den pfandrechtlichen Verbots-gesetzen. Das Verbot der Mobiliarhypothek ist allerdings ohne Bedeutung; dagegen ist in Folge des Verbots der lex com-missoria eine Vereinbarung unzulässig, nach welcher wegen einer Schuld von 100 eine Caution von 1000 verfiele.

Consequent müssen wir auch den suspensiven, mit lediglich obligatorischer Wirkung ausgestatteten Vorbehalt des Eigenthums, soweit derselbe nicht gewohnheitsrechtlich anerkannt ist, für un-giltig erklären, wenn derselbe gegen die pfandrechtlichen Verbote verstößt. Aus einem unbedingten Verkauf ist der Verkäufer zur sofortigen Gewährung des Eigenthums verpflichtet. Wird vereinbart, daß der Verkäufer erst bei Zahlung des (nicht credi-tirten) Kaufpreises die Eigenthumsübertragung zu bewirken habe, so wird durch die Reservation des Eigenthums eine Sicherungsübereignung verdeckt. Anders natürlich, wenn die Parteien einen Verkauf Zug um Zug verabreden. Hier kann der Verkäufer einstweilen als Commodatar oder Miether in Besitz gesetzt werden [126]).

---

126) Vgl. E.R.G. XXI, S. 33 ff.: Während das eigentliche Lombard-geschäft (reguläre Verpfändung) nicht als Anschaffungsgeschäft im Sinne des Reichsstempelgesetzes vom 29. Mai 1885 anzusehen ist, unterliegt das

§ 15.
Die accessorische Natur der Sicherungsübereignungen und des Pfandrechts.

Ist im Vorstehenden der Beweis dafür, daß die Uebereignung von Mobilien zur Sicherung einer Forderung den Verboten der Mobiliarhypothek und der lex commissoria unterliegt, wie wir hoffen, so weit erbracht, wie es bei dem Mangel ausdrücklicher Gesetzesbestimmungen möglich ist, so ist damit unsere Aufgabe noch nicht völlig erledigt. Verträge, in welchen die Parteien ausdrücklich erklären, daß das Eigenthum zur Sicherung einer Forderung übertragen werde und bei der Zahlung der Forderung zurückfallen oder zurückübertragen werden solle, sind verhältnißmäßig selten. Gewöhnlich kleidet sich das Rechtsgeschäft in das Gewand eines Kaufs mit Wiederkauf auf Zeit oder eines Kaufs auf Wiederkauf.

Vereinbaren die Vertragschließenden, daß der „Verkäufer" die bewegliche Sache binnen gewisser Frist zurückzukaufen verpflichtet sei, oder daß er sie auf Zeit zurückkaufe, so kann man sagen, daß der Rückkaufspreis nichts anderes sei als eine neue Form für die alte Schuld. Hinsichtlich der Verträge, in welchen lediglich ein Rückkaufsr e c h t des „Verkäufers" statuirt wird und der Käufer seine Forderung als durch Compensation mit dem Kaufpreis getilgt erklärt oder, wie es in den Formularen mancher Notare und Winkeladvokaten heißt, „der Verkäufer über den baaren Empfang des Kaufpreises quittirt", wird man mit Hellwig behaupten dürfen, daß der „Käufer" sehr häufig gar nicht daran denkt, auf seine Forderung gegen den „Verkäufer" zu verzichten. Es kommt vor, daß die Parteien in dem Ver-

---

uneigentliche Lombardgeschäft (pignus irregulare) der Abgabe für Anschaffungsgeschäfte, ist also nicht als ein Pfandgeschäft zu behandeln. „In dem uneigentlichen Lombardgeschäfte ist seinem rechtlichen Wesen nach ein mit dem Rückkaufe verbundener Kaufvertrag enthalten, dessen wirthschaftliche Bedeutung die Sicherheitsbestellung für eine Darlehnsforderung des Käufers und Rückverkäufers ist."

trage ausdrücklich erklären, der Kaufpreis werde durch Aufrech-
nung einer Wechselforderung des „Käufers" getilgt, trotzdem
aber der Wechsel demselben belassen wird und der „Verkäufer"
gegenüber der Wechselklage des „Käufers" keine Einwendungen
erhebt. Dennoch darf nicht behauptet werden, daß eine solche
Simulation bei jedem Kauf auf Wiederkauf dieser Art unter-
liefe. Der Gläubiger kann, indem er mit seinem Schuldner
einen Kauf auf Wiederkauf abschließt, sehr wohl die Absicht
hegen, sich nun lediglich an die übereigneten Sachen zu halten,
und auf seine Forderung und, damit auf die Zwangsvollstreckung in andere Sachen des Schuldners verzichten. Dies
wird vor allem dann der Fall sein, wenn der letzte Rest der
beweglichen Habe des Schuldners den Gegenstand des Kaufs
auf Wiederkauf bildet.

Darf man hier, wo der „Käufer" ausdrücklich auf seine
Forderung verzichtet und nur dem Verkäufer ein Einlösungs-
recht zusteht, noch von einer Uebereignung zur Sicherung einer
Forderung sprechen? Können die pfandrechtlichen Verbote auch
auf eine Eigenthumsübertragung unter der Bedingung der
Nichtzahlung einer Geldsumme bezogen werden, ohne daß der
Tradent zur Zahlung dieser Geldsumme verpflichtet wäre?

Die Antwort wird lauten müssen: Ja, insoweit auch die
bedingte Eigenthumsübertragung des Pfandrechts einer Forderung hinzutreten kann, für welche der Gläubiger nur aus
dem Pfande Befriedigung verlangen kann, insoweit auch das
Pfandrecht nicht eine Verpflichtung des Pfandgebers zur Zahlung
einer Geldsumme voraussetzt.

Die Frage nach der accessorischen Natur des Pfandrechts,
zu welcher wir damit geführt werden, ist bekanntlich in neuerer
Zeit auf dem Gebiete des Immobiliarpfandrechts vielfach erörtert worden. Auf der einen Seite ist behauptet worden,
daß die ältere Satzung, deren Spuren sich bis in dies Jahr-
hundert verfolgen lassen [127]), mit einem Forderungsrecht nicht

---

127) Vgl. Werenberg im Magazin f. hannov. Recht IX (1859),
S. 253 ff. (über Wettschatzverträge im Lande Wursten).

ober nicht nothwendig verbunden gewesen sei, auf der anderen
Seite hat die mecklenburgische selbständige Hypothek und die
preußische Grundschuld zu der Frage Anlaß gegeben, ob für
die Gegenwart an der römischen Anschauung festzuhalten
sei, daß das Pfandrecht ein Accessorium einer Forderung
bilde. Als Ergebniß der in beiden Richtungen angestellten
Untersuchungen, welche zu verfolgen hier nicht am Platz wäre,
wird hingestellt werden dürfen, daß das Pfandrecht stets einer
Schuld, folglich auch auf der anderen Seite einer Forderung
hinzutritt, daß aber die Forderung sich lediglich auf Befriedigung aus dem Pfandobject richten und der Schuldner nur
zur Gestattung dieser Befriedigung verpflichtet sein kann, falls
er nicht das Pfand durch Zahlung der Schuld löst.

In dem gleichen Sinn wird an dem accessorischen Character
des Pfandrechts auch in denjenigen Fällen festzuhalten sein, in
welchen dem Gläubiger die Befriedigung allein aus der verpfändeten beweglichen Sache zugesichert ist. Dahin gehört die Bod-
merei [128]) und nach manchen Particularrechten auch jetzt noch
das Pfandrecht des Pfandleihers [129]). Es steht aber auch
vom Standpunkt des römischen Rechts nichts im Wege, ent-
sprechend der Gestaltung des älteren deutschen Rechts [130]) nicht
nur bei diesen Pfandrechten sondern auch bei allen übrigen
die Haftung des Schuldners auf das Pfandobject und damit
die Schuld auf eine Realschuld zu beschränken. Der Pfandgläubiger kann durch ein mit dem Schuldner abgeschlossenes
pactum de non petendo auf die Geltendmachung seiner per-
sönlichen Forderung und damit auf die Befriedigung aus anderen Vermögensstücken des Schuldners als dem Pfande verzichten, ohne daß dadurch sein Pfandrecht aufgehoben würde.
Es kann auch ein Pfandrecht mit der Bestimmung begründet
werden, daß der Gläubiger nur aus dem Pfande Befriedigung

128) Art. 680 H.G.B.
129) Vgl. die Ausführungen Skonietzki's (die sicherstellende Hypothek in
ihrem Verhältniß zu den übrigen sicherstellenden Rechtsverhältnissen und zur
selbständigen Hypothek) in Gruchot's Beitr. XXVII, S. 586 ff.
130) Vgl. Stobbe, D. Pr. R. ² II, S. 690.

suchen dürfe. Freilich wird ein solcher Vertrag da kaum vorkommen, wo das beneficium excussionis noch für Mobilien
in Betracht kommt; denn in Folge dieser Vereinbarung würde
der Gläubiger seines Anspruchs thatsächlich verlustig gehen,
wenn ein Dritter Eigenthümer des Pfandobjects würde.

Nicht anders liegt das Verhältniß, wenn ein Schuldner
seinem Gläubiger eine bewegliche Sache unter dem Vorbehalt
des Wiederkaufs verkauft hat. Auch hier hat der Gläubiger
lediglich das Recht, sich aus der verkauften Sache zu befriedigen, und der Schuldner die Befugniß, die Sache durch Geltendmachung seines Rückkaufsrechts wieder einzulösen. Wie
bei den Pfandverträgen, welche den Schuldner nur mit dem
Pfandobject haften lassen, findet sich übrigens auch bei dem
Kauf auf Wiederkauf ein Garantieversprechen des Schuldners
beigefügt, durch welches sich derselbe verpflichtet, ein bei dem
Verkauf der Sache sich ergebendes Deficit zu decken.

Wie nahe der Kauf auf Wiederkauf dem Pfandgeschäft steht,
hat die Reichsgewerbeordnung dadurch zu erkennen gegeben, daß
sie in § 34 Abs. 2 bestimmt:

„Als Pfandleihgewerbe gilt auch der gewerbsmäßige An-
kauf beweglicher Sachen mit Gewährung des Rückkaufsrechts",
und in § 38:

„Soweit es sich um [den in § 34 Abs. 2 bezeichneten]
Geschäftsbetrieb handelt, gilt die Zahlung des Kaufpreises als
Hingabe des Darlehns, der Unterschied zwischen dem Kaufpreise
und dem verabredeten Rückkaufspreise als bedungene Ver-
gütung für das Darlehn und die Uebergabe der Sache als
Verpfändung derselben für das Darlehn."

Diese Bestimmungen der Gewerbeordnung sind in dop-
pelter Richtung gerechtfertigt: sie sind angemessen, denn die Rück-
kaufsgeschäfte der Pfandleiher haben vollkommen dieselbe Bedeutung wie die Pfandleihgeschäfte selbst, und sie sind nicht
überflüssig, denn der Kauf auf Wiederkauf ist kein Pfandgeschäft. Auch das Report-(Kost-)Geschäft enthält nicht einen
Pfandvertrag [131]). Indem die Contrahenten die Form des

---

131) Vgl. Grünhut in Endemann's Handb. d. Hand.-Rechts III,

Reportgeschäfts wählen, geben sie ihrem Willen Ausdruck, daß die gesetzlichen Regeln des Pfandrechts nicht oder doch nur insoweit analoge Anwendung finden sollen, als es ihren Absichten entspricht. Nur die pfandrechtlichen Verbote können auch ohne gesetzliche Vorschrift auf den Kauf auf Wiederkauf oder den Kauf unter befristetem Wiederkauf Anwendung finden.

Fern aber sei die Behauptung, daß jede Eigenthumsübertragung unter der (dinglich oder obligatorisch wirkenden) Bedingung der Nichtzahlung einer Geldsumme den pfandrechtlichen Verboten unterläge. Wenn Jemand bei der Veräußerung eines Pferdes sich das Recht vorbehält, dasselbe innerhalb der nächsten zwei Jahre zu demselben oder einem etwas höheren Preise zurückzukaufen, weil er wegen seiner Versetzung an einen ungeeigneten Ort einstweilen ein Reitpferd nicht brauchen kann, während dieser Zeit aber an einen Ort versetzt zu werden hofft, in dem er wiederum ein Pferd zu besitzen wünscht, so wird Niemand daran denken, dem Käufer nach Ablauf der zwei Jahre die Pflicht aufzuerlegen, bei einem etwaigen Weiterverkauf den Erlös, soweit er den Rückkaufspreis übersteigt, herauszugeben. Offenbar erstreckt sich das Verbot der lex commissoria auf diesen Fall deshalb nicht, weil zwischen dem Käufer und dem rückkaufsberechtigten Verkäufer ein Schuldverhältniß nicht besteht. Nur wenn der wiederkaufsberechtigte oder wiederkaufende Verkäufer „sich als Schuldner fühlt und sein Lösungsrecht nur mit Bezug auf ein Schuldverhältniß geltend macht, welches er durch die Lösung tilgen will"[132]), nur wenn der Käufer sich als Gläubiger betrachtet, liegt eine Eigenthumsübertragung zur Sicherung einer Forderung vor. Die Grenze zu finden, wird in der Praxis nicht so schwer sein, als es der Doctrin erscheinen mag. Wird der Besitz der Sache dem Verkäufer überlassen, so dürfte es sich regelmäßig um eine Sicherungsübereignung handeln.

S. 33; neuerdings für den pfandrechtlichen Character des Reportgeschäfts: Adler in Zeitschr. f. Hand.-Recht XXXV, S. 418 ff.; vgl. E.R.G. XIX, S. 145 ff.
132) Worte Stobbe's Krit. Vierteljahrsschrift IX, S. 307.

Schluß.

Die vorliegende Abhandlung ist nicht in der Absicht ge-
schrieben, eine Kritik zum Entwurf des bürgerlichen Gesetzbuchs
zu liefern. Wenn dennoch einige Erwägungen de lege ferenda
angeknüpft werden, zu denen unsere kleine Untersuchung Veranlassung giebt, so geschieht es, weil die Beobachtung von
Uebelständen, die sich auf dem Boden des heutigen Rechts ergeben haben, den Wunsch nahe legt, es möchte das deutsche
Recht der Zukunft der Beseitigung dieser Uebelstände alle För-
derung erweisen und keine Hindernisse in den Weg legen.

Dieser Wunsch wird durch den Entwurf des bürgerlichen
Gesetzbuchs nicht erfüllt.

Der Entwurf hat das Verbot der pfandrechtlichen lex
commissoria und den Grundsatz aufgenommen, daß ein Pfandrecht an Mobilien nur bei dauernder Belassung der dem Gläubiger übertragenen Inhabung bestehen könne [133]). Ueber die
Rechtsgeschäfte, welche diese Vorschriften umgehen, enthält der
Entwurf keine Bestimmung.

Im Allgemeinen ist dies zu billigen. Wir hoffen, gezeigt
zu haben, daß die Wissenschaft Mittel hat, solche Umgehungen
zu verhüten, auch ohne daß es des Verbots der Rechtsgeschäfte
in fraudem legis bedürfte, welches der Entwurf nicht kennt.

Sehr schädlich sind aber die Bemerkungen der Motive
über unsere Umgehungsverträge.

Zu der lex commissoria sprechen dieselben aus [134]):
„Nicht getroffen wird die auflösend bedingte Eigenthumsübertragung .... Ebensowenig werden die Fälle der unbedingten

---

133) §§ 1147, 1167, 1183.
134) III, S. 821.

Tradition mit Ausbedingung eines obligatorischen Rückkaufsrechts zu Gunsten des Creditnehmers getroffen."

Zu § 874 heißt es [135]): „Der Entwurf geht davon aus,
daß bedingten Eigenthumstraditionen — von Cessionen gilt
dasselbe — nicht etwa durch eine positive Bestimmung um des-
willen entgegenzutreten sei, weil die Hinzufügung der Bedingung
Sicherungszwecken dienen solle, das bedingte Geschäft mithin
als Ersatz einer Verpfändung, deren strengere Erforder-
nisse erspart werden, gebraucht werden kann. Der Wille
der Contrahenten kann dahin gehen, daß derjenige, welchem
Sicherheit verschafft werden soll, für den Fall, daß seine Befriedigung ausbleibt, Eigenthümer werden oder bleiben, dabei
aber vielleicht in Ansehung der Verwerthung der Sache und
der Erstattung eines Ueberschusses in ähnlicher Weise, wie ein
Pfandgläubiger, obligatorisch gebunden sein soll. Nur wird in
dem einzelnen Fall zu untersuchen bleiben, ob dem Sicherheits-
empfänger wirklich bedingtes Eigenthum zugewendet werden
sollte, oder ob nur eine pfandrechtliche Sicherheit bezweckt wurde
und deshalb ein simulirtes Rechtsgeschäft vorliegt. In dem
Zweck der Sicherheitsleistung kann ein genügender Grund nicht
gefunden werden, um die bedingte Eigenthumstradition zu ver-
bieten."

Nicht jeder Richter wird sich im Drang der Geschäfte stets
gegenwärtig halten können, daß die Motive nicht im Stande
sind, Rechtswahrheiten oder gar Rechtsvorschriften kundzugeben,
ja, daß sie nicht einmal die Auffassung der Commission, welche
den Entwurf des Gesetzbuchs ausgearbeitet hat, völlig zuver-
lässig wiedergeben.

Gegen die Erstreckung des Verbots der Mobiliarhypothek
auf die Eigenthumsübertragung zur Sicherung einer Forderung
kann man nach dem Entwurf daraus ein Bedenken entnehmen,
daß dasselbe hier nicht in der Form eines Verbots auftritt.

Bei einzelnen particularrechtlichen Vorschriften, z. B. derjenigen, daß eine Mobiliarverpfändung die schriftliche Form

135) III, S. 337.

vorausfeßt, könnte man zweifeln, ob ein Verbotsgefeß vorliegt, welches alle den wefentlichen Inhalt des Pfandrechts theilen= den Vertragsverhältnisse ergreift, oder ob lediglich eine Vor= ausfeßung derjenigen Sicherungsübereignung normirt wird, welche, verbunden mit einem dinglichen Recht an fremder Sache, als „Pfandrecht" auftritt. Die Beſtimmung aber, daß ein Pfandrecht an Mobilien nur bei dauernder Uebertragung des Beſißes an den Gläubiger beſtehen könnte, bezieht ſich nicht auf deſſen Erſcheinungsform. Wegen der größeren Tragweite der verbietenden als der gebietenden Geſeße dürfte es ſich em= pfehlen, die erſtere Form zu wählen.

Von noch größerer Bedeutung aber iſt es, daß der Ent= wurf keine Beſtimmung enthält, welche es dem Verkäufer er= laubte, ſich eine dingliche Sicherheit wegen des Kaufpreiſes an der verkauften Sache zu verſchaffen, ohne daß er ſich die Inhabung der Sache reſerviren müßte. Die Motive bemerken über den Vorbehalt des Eigenthums [136]): „Der bei einem Kaufvertrage ausgeſprochene Vorbehalt des Eigenthums (pactum reservati dominii) hat ſeine Bedeutung auf dem Gebiete des Sachenrechts, indem durch den Vorbehalt die Wirkung des dinglichen Uebertragungsactes beeinflußt werden ſoll. Die ältere Theorie erblickte allerdings in dem Vorbehalte wegen des regelmäßigen Zweckes desſelben (Sicherung des Verkäufers für den Kaufpreis) immer, oder wenigſtens dann, wenn dieſer Zweck hervortrete, den Vorbehalt eines Pfandrechts. Es iſt ſelbſtverſtändlich, daß, wenn die Parteien in concreto einen (obligatoriſchen) Pfandrechtstitel vereinbart haben, der Käufer dem Verkäufer gegenüber (obligatoriſch) verpflichtet iſt, nach ſachenrechtlichen Grundſäßen zur Beſtellung des Pfandrechts an dem auf ihn übertragenen Kaufgegenstande mitzuwirken. Ob eine derartige Vereinbarung unter Umſtänden in dem Vor= behalte des Eigenthums gefunden werden kann, ſteht dahin. Heutzutage kann jene alte Theorie als aufgegeben betrachtet werden. Man ſtreitet darüber, ob dem Vorbehalte in Anſehung

136) II, S. 319.

des dinglichen Rechtsgeschäftes im Zweifel die Bedeutung einer Resolutiv- oder einer Suspensivbedingung beiwohne. Dieser Streit interessirt das Obligationenrecht nicht. Hier ist davon auszugehen, daß der Vorbehalt jedenfalls den obligatorischen Vertrag nicht zu einem bedingten macht, diesen vielmehr unbe= rührt läßt und lediglich das dingliche Rechtsgeschäft beeinflussen kann. Eine Frage für sich ist daneben, ob nach den Umstän= den des Falles anzunehmen ist, daß die Parteien in der That keinen Vorbehalt des Eigenthums, sondern einen obligatorischen Vertrag nach Maßgabe der Vorschriften der §§ 426 ff. [Neu= recht], 436 [lex commissoria] beabsichtigt haben."

Wer, durch das dringende Bedürfniß des Verkehrs ver= anlaßt, die Reservation des Eigenthums ohne die Reservation der Inhabung und ohne Rücksicht auf das Verbot der pfand= rechtlichen lex commissoria zuläßt, wer zugleich aber aner= kennt, daß der (dinglich oder obligatorisch wirkende) Vorbehalt des Eigenthums einen Fall der Eigenthumsübertragung zur Sicherung einer Forderung bildet, der muß zu der Consequenz getrieben werden, daß die Eigenthumsübertragung zur Sicherung einer Forderung überhaupt von den pfandrechtlichen Verboten nicht betroffen werde.

Ist dieses Resultat aber, wie wir bewiesen zu haben hoffen, unleidlich und falsch, so wird man eine Bestimmung für wün= schenswerth erachten, durch welche es dem Verkäufer ermöglicht wird, ein dingliches Sicherungsrecht an der Sache zu erlangen, welches von den pfandrechtlichen Verboten eximirt ist. Ob dem Verkäufer ein gesetzliches droit de suite, ein auf bestimmte Zeit beschränktes gesetzliches Pfandrecht zu gewähren, oder zu ge= statten sein wird, sich vertragsmäßig ein von den pfandrecht= lichen Verboten befreites Pfandrecht zu verschaffen, ist eine Frage, zu deren Beantwortung diese Abhandlung nicht die ge= nügende Grundlage bietet.

Ebenso vermag diese Schrift nur den Zweifel, nicht aber die Entscheidung darüber zu begründen, ob die bedingte Eigen= thumsübertragung im engeren Sinne (mit dinglich wirkender Bedingung) nicht mit Rücksicht auf das Traditionsprincip und die entstehenden, Dritten nicht erkennbaren „Anrechte" aus dem Gesetzbuch völlig gestrichen werden darf. Es wird darauf an= kommen, ob wirklich, wie die Motive meinen, trotz der erheb= lichen Unzuträglichkeiten, welche die bedingte Eigenthumsüber= tragung zur Folge hat, sich ein Bedürfniß des Rechtsverkehrs nach der Zulässigkeit bedingter Eigenthumstraditionen constatiren läßt. Vielleicht wird die Antwort auf diese Frage wesentlich erleichtert, wenn dem Bedürfniß, welches jetzt der Vorbehalt des Eigenthums erfüllt, in anderer Weise Genüge geschaffen wird.

Vor allem aber kann auf die Basis dieser Untersuchung nicht ein Urtheil darüber gebaut werden, ob es gerechtfertigt ist, an den Verboten der Mobiliarhypothek und, bei der Ver= pfändung von beweglichen Sachen, der lex commissoria fest= zuhalten[137]. Vielleicht ist die Einrichtung öffentlicher Bücher zur Eintragung der Mobiliarpfandrechte möglich; vielleicht läßt sich durch einen Paragraphen des Strafgesetzbuchs in ähnlicher Weise Hilfe schaffen, wie in Rom durch die Bestrafung der Doppelverpfändung als crimen stellionatus[138]); vielleicht gestattet die Wuchergesetzgebung die Beseitigung des Verbots der lex commissoria, welches die Verschleuderung der Pfand= sachen auf den Auktionen zur Folge hat[139]).

Hier galt es nur, festzustellen, daß, wenn die Verbote der Mobiliarhypothek und der lex commissoria gelten, sie nicht durch die Eigenthumsübertragung zur Sicherung von For= derungen, ein Rechtsgeschäft, welches man vielleicht als neueste Satzung bezeichnen darf, umgangen werden können.

---

137) Vgl. Leonhardt in Gruchot's Beiträgen XXV, S. 177 ff.; Wer= nick in den Gutachten aus dem Anwaltsstande z. Entw. d. bürg. Gesetz= buchs (Heft V), S. 376 ff.

138) fr. 3 § 1 stellion. 47,20; vgl. Eck, Zeitschr. f. Rechtsgesch. (Savigny-Zeitschr.) XII, S. 85, Anm. 2.

139) M. E. I, S. 390: Nach den heutzutage bei Veräußerung von Pfändern gemachten Erfahrungen kann man geneigt sein, die Grenze auf die Hälfte des Schätzungswerthes herabzusetzen.